韓国における地方分権改革の分析

弱い大統領と地域主義の政治経済学

尹　誠國　著

公人の友社

目　次

はしがき……………………………………………………………　9

第1部　本書の分析枠組み ……………………　11

第1節　本書の位置づけ……………………………………　12
1．検討課題の提示……………………………………………　12
2．仮説の提示…………………………………………………　13
3．拒否権プレーヤー…………………………………………　15
　（1）拒否権プレーヤーの定義 ……………………………　15
　（2）拒否権プレーヤーの利益構造と拒否権行使の意図 …　17

第2節　制度…………………………………………………　20
1．制度の概念整理と定義……………………………………　20
2．民主化以降の韓国政治における制度……………………　22
　（1）二元的民主的正統性 …………………………………　22
　（2）地域主義 ………………………………………………　26

第3節　先行研究の検討……………………………………　33
1．日本における韓国政治行政研究…………………………　33
2．韓国における研究…………………………………………　34
3．日本における政府間関係論………………………………　37
4．三位一体改革に関する研究 ………………………………　39
5．学者コミュニティー論……………………………………　39
6．政策共同体論………………………………………………　40
7．社会学的制度論と政治学の融合…………………………　41
補論　先行研究を踏まえて……………………………………　45

第2部　地方分権改革過程の検討 …………… 49

第1節　民主化以前の地方自治 …………………………………… 50

第2節　民主化以降の地方自治への期待 ………………………… 52
1．地方自治への期待の高まり …………………………… 52
2．民主化以降における政府間の対立の状況 …………… 55
3．民主化以降の政府間にまたがる政策形成 …………… 56
　（1）前史 ……………………………………………… 57
　（2）地方議会の設置まで …………………………… 58
　（3）地方議会の設置と決着 ………………………… 60
　（4）参加者 …………………………………………… 61
　　1）地方公共団体 ………………………………… 61
　　2）地方議会 ……………………………………… 63
　（5）政策変化 ………………………………………… 64
　　1）工業団地規模の拡大 ………………………… 64
　　2）皮革産業専用工業団地の規模縮小 ………… 64
　　3）立地業種の選定 ……………………………… 66
4．地方公共団体の自律性 ………………………………… 68
5．民主化以降における地方自治の意義 ………………… 71

第3節　総論としての地方自治・地方分権改革 ………………… 76

第4節　韓国の地方自治制度 ……………………………………… 78
1．韓国の地方公共団体 …………………………………… 78
2．韓国の地方自治制度の特徴 …………………………… 78

第5節　地方分権改革をめぐる議論と政策展開 ………………… 83
1．歴代政権における大統領の政策志向 ………………… 83
　（1）金泳三政権（1993年2月〜1998年2月） ……… 83

（2）金大中政権（1998年2月～2003年2月） ……………………… 83
　　（3）盧武鉉政権（2003年2月～2008年2月） ……………………… 85
　　（4）李明博政権（2008年2月～） ……………………………………… 87
　2．権限移譲……………………………………………………………………… 88
　3．地方公共団体の財源拡充のための議論…………………………………… 91
　　（1）盧武鉉政権 ………………………………………………………………… 92
　　　1）税源移譲をめぐる議論…………………………………………………… 92
　　　2）補助金の整理合理化の失敗……………………………………………… 96
　　　3）国会内の議論……………………………………………………………… 96
　　　4）普通交付税法定交付率の引き上げの阻止と分権交付税の導入 …… 98
　　　5）国家均衡発展特別会計の導入と地方分権のための
　　　　　　　　　　　　　　　　　　　三大特別法の制定……… 101
　　　6）不動産交付税の導入……………………………………………………… 105
　　（2）李明博政権 ………………………………………………………………… 106
　　　1）税源移譲をめぐる議論…………………………………………………… 106
　　　2）地方消費税の導入………………………………………………………… 110

第6節　分析…………………………………………………………………………… 114
　1．制度…………………………………………………………………………… 114
　　（1）二元的民主的正統性 ……………………………………………………… 114
　　　1）アクター…………………………………………………………………… 114
　　　2）フォーマルなルール……………………………………………………… 114
　　　3）アクター同士の相互作用と戦略………………………………………… 116
　　　　①民主化以前……………………………………………………………… 117
　　　　②民主化以降……………………………………………………………… 118
　　　4）共有された予想…………………………………………………………… 121
　　（2）地域主義 …………………………………………………………………… 122
　　　1）アクター…………………………………………………………………… 122
　　　2）フォーマルなルール……………………………………………………… 122
　　　3）アクター同士の相互作用と戦略………………………………………… 123
　　　4）共有された予想…………………………………………………………… 132

（3）地方分権改革の政治の制度 …………………………………… 132
　　　　1）アクター……………………………………………………… 132
　　　　2）フォーマルなルール………………………………………… 132
　　　　3）アクター同士の相互作用と戦略…………………………… 133
　　　　4）共有された予想……………………………………………… 136
　2．国会議員の政策志向……………………………………………… 137
　　（1）大規模な税源移譲の阻止 ……………………………………… 137
　　（2）地域主義の表れない地域での得票戦略 ……………………… 142
　　　　1）普通交付税法定交付率引き上げの阻止…………………… 142
　　　　2）分権交付税の導入…………………………………………… 144
　　　　3）不動産交付税の導入………………………………………… 149
　　　　4）ソウル特別市における財産税の共同課税制度の導入…… 151
　　（3）地域主義の表れる地域での得票戦略 ………………………… 155
　　　　1）補助金増額の手段—国家均衡発展特別会計の導入……… 155
　　　　2）補助金の重要性……………………………………………… 156
　　（4）権限移譲 ………………………………………………………… 161

第7節　韓国の民主主義と地域主義 …………………………………… 167

第8節　相互依存モデルと地域主義 …………………………………… 170

結語…………………………………………………………………………… 173

参考文献……………………………………………………………………… 175

索引…………………………………………………………………………… 190

初出一覧……………………………………………………………………… 194

あとがき……………………………………………………………………… 195

図表目次

表1−1	韓国における憲法改正	23
表1−2	第17代国会議員総選挙（2004年4月）の結果	27
表1−3	地域主義と囚人のジレンマ	28
表1−4	有権者の出身地と居住地	29
表1−5	有権者の出身地と支持候補	30
表1−6	有権者の出身地・居住地と支持候補	30
表2−1	地方公共団体首長の選任方法と地方議会の設置状況の変化	52
表2−2	地方公共団体の首長はどのような方法で選出されるべきであると思いますか。	53
表2−3	地方自治が復活した場合、貴方の地域の状況はどうなると思いますか。	53
表2−4	望ましい中央−地方関係について	55
図2−1	韓国の地方公共団体	78
表2−5	中央・地方の事務配分	79
表2−6	韓国の国税と地方税	80
表2−7	国税と地方税の割合	80
表2−8	地方公共団体の財政力指数	80
表2−9	外国為替危機の下における補助金の増額	85
表2−10	年度別の権限移譲の状況	89
図2−2	権限移譲までの流れ	90
表2−11	分権交付税の交付状況（分野別）	100
表2−12	分権交付税の首都圏への集中配分	101
表2−13	選挙の時期	116
表2−14	地域別の無所属当選者の数	124
表2−15	国会議員に対する満足度（第16代国会議員総選挙）	124
表2−16	歴代の国会議員総選挙における無所属候補者の得票率	125
表2−17	統一地方選挙における各政党別の候補者公認状況	127
表2−18	政党の離合集散	128

表2-19	ソウル特別市の選挙区における立候補者の得票数（第17代国会議員総選挙）	130
図2-3	第17代国会議員総選挙（首都圏）における各政党の支持率と分散	131
表2-20	地方税徴収予想額の増額と地方公共団体の総歳入額の変化	140
表2-21	地方公共団体の歳入状況	141
表2-22	全国自治体経済的活力調査の結果	141
表2-23	韓国における国税の地域別徴収額	143
表2-24	普通交付税法定交付率引き上げとソウル特別市、首都圏、都市部の有権者の選好	144
図2-4	分権交付税の算定	145
表2-25	第18代国会議員総選挙における地域別の候補者の公約の違い	148
表2-26	ソウル特別市の選挙区への立候補者の公約	148
表2-27	地域別の財産税徴収額	153
表2-28	国家均衡発展特別会計予算額の推移	155
表2-29	地域内総生産と補助金配分額の関係	157
表2-30	地域主義の表れる地域における国会議員総選挙立候補者の選挙公約と実績	157
表2-31	嶺南と湖南の補助金配分額	158
表2-32	地域別の補助金配分額の変化	159
表2-33	第19代国会議員総選挙の結果と地域主義	169

はしがき

　本書の二つの関心は第一に、韓国政治をどう見るべきなのかであり、第二に、日本に酷似した地方自治制度を持つ韓国において、日本とは異なる地方分権改革の政策的帰結がもたらされるのはなぜかである。
　一国の政治の見方は唯一ではない。特に韓国のようにめまぐるしく変化する国については特にそうである。その韓国政治を見る手がかりとして筆者が注目したのは地方分権改革である。日本、イギリス、フランス等の先進諸国だけではなく、東南アジア諸国、東ヨーロッパ諸国においても地方分権改革がなされている。国によって地方分権改革がなされた背景、地方分権改革をめぐる政策プロセスの特徴や地方分権改革の帰結は異なるものの、政治体制の種類やその特徴に関係なく、世界各国において何らかの形で地方分権改革が進められている。これは、韓国においても例外ではない。
　最近の世界的な潮流の一つとして、地方分権改革の目指すところや政策的帰結は異なるが、それは一国の統治システムの根幹に関わる大きな改革である。そのため地方分権改革の分析は一国の政治を分析する上で格好の対象になると考えられる。
　このように大きな意義を持つ地方分権改革の分析のために、本書で筆者が注目したのは、民主化以降の韓国における弱い大統領と地域主義である。まず、弱い大統領である。大統領が弱いというのは、大統領制を採用している韓国の政治状況に注目すると、つまり、国会議員が強いということを意味する。韓国は1948年の大韓民国政府の誕生以来、ごく一部の時期を除き、大統領制を採用している。韓国においては、長い軍事政権の歴史もあり、大統領のイメージは強い大統領である。しかしながら、1987年の民主化以降における憲法改正などのフォーマルなルールの変化によって導入された5年単任制などの制度的限界と制約によって、国会議員に比べ大統領ははるかに弱い存在になったと

考えられる。

　次に地域主義である。「地域主義」は必ずしも韓国に限られた現象ではない。例えば、ヨーロッパなどにおけるリージョナリズム（regionalism）は「地域主義」と訳される。しかしながら、ヨーロッパなどにおけるリージョナリズム（regionalism）においては韓国の地域主義とは異なる政治力学を観察できる。

　地域主義は民主化以降の韓国政治において一貫して例外なく同じパターンで表れている。また、それが民主主義の根幹をなす選挙において表れている。その意味で、地域主義は、民主化以降の韓国政治を分析する上で欠かせないものであるという点について異論の余地はあまりないであろう。

　地方分権改革が一国の統治システムの根幹に関わる大きな改革であるため地方分権改革の分析は一国の政治を分析する上で格好の対象になるという点、そして、地域主義は、民主化以降の韓国政治を分析する上で欠かせないものであるという点を考慮すると、本書で取り組んでいる、韓国における地方分権改革と地域主義の分析は民主化以降の韓国政治を見る上で非常に有効な手がかりになると考えられる。

　本書においては、民主化以降の韓国政治と韓国社会における地方自治の意味を論じている。その議論を踏まえ、歴代大統領が進めようとしている地方分権改革が、韓国の大統領制の持つ制度的限界や政治力学によってあまり進まない理由の分析を試みた。特に、弱い立場に追い込まれている大統領、そして、大統領に比べはるかに強い国会議員の政策志向の形成に大きな影響力を持つ地域主義に注目して分析している。

　前述のように、地方分権改革は最近の世界的な潮流の一つである。それは一国の統治システムの根幹に関わる大きな改革であるが、地方分権改革の目指すところや政策的帰結は異なる。そのため、地方分権改革という事例は国際比較研究のための格好の対象であると考えられる。本書は積極的に国際比較を意識したものではない。しかしながら、本書の議論をより立体化し、俯瞰的なものにするためには、日韓比較分析をはじめ、国際比較研究は欠かせない。今後の課題にしたい。

第 1 部　本書の分析枠組み

第1節　本書の位置づけ

1．検討課題の提示

　1987年6月の民主化宣言に端を発した韓国の民主主義体制の下、1991年には地方議会議員選挙が復活した[1]。それとほぼ同時に地方分権改革に向けた議論が始まり、実際に民主化以降の歴代大統領は地方分権の推進を国政における最重要課題として位置づけ、抜本的な制度改革を進めようとしている。

　地方分権改革の進行状況をまとめると、第一に、権限移譲は、権限の数から見ればある程度の進展が見られるが、実質的なものは少ない。第二に、税源移譲は地方公共団体の財政的自律性向上の観点から最も重要であり、国税の20〜30％以上の税源移譲が必要とされている[2]にもかかわらず、非常に制限された形でしかなされていない。また、日本の普通交付税に相当する普通交付税[3]の増額は地方公共団体の一般財源の拡大につながるため、地方公共団体の財政的自律性の向上に役立つと言われながらも、新たな財源を確保するのは困難であることを理由になされていない。この間に新設されたのは、国家均衡発展特別会計と分権交付税など、補助金的な機能を持つ制度であった。

　本書の検討課題は、民主化以降の韓国の歴代政権において、地方自治の発展や地方分権改革の進展は国政における最重要課題の一つとして位置づけられており、地方公共団体の行財政的自律性強化に向けた政策努力が大統領を中心としてなされたにもかかわらず、地方分権改革は必ずしも地方公共団体の行財政的自律性の抜本的な強化につながる形でなされていないのはなぜか、という問いである。

2．仮説の提示

　民主化以前の権威主義体制の下においては、韓国の国会は政策形成プロセスにおいて、これと言った役割を果たすことができなかった。しかしながら、民主化以降においては、後述のような、二元的民主的正統性が保障、維持されるようになり、国会は実質的な影響力を及ぼすことができるようになった。

　そこで、本書における分析対象である地方分権改革の制度設計のプロセスにおいて、国会が実質的に重要な役割を果たすことができるようになった点、そして、後述のように、大統領と国会議員の政策志向が異なる部分が確認できる点に着目し、国会で活動を展開する国会議員を拒否権プレーヤーとして位置づけ、彼らの政策志向を規定する要因を中心に分析を進める。その分析によって、韓国における地方分権改革の制度設計の帰結とそれを左右する要因を明らかにする。

　韓国においては、1948年の「大韓民国」の誕生から1961年5月の軍事クーデターの発生までは、地方レベルでの選挙が実施されていた。しかしながら、軍事政権の発足とともに地方選挙は中断された。これが、軍事政権時代は「地方自治の暗黒期」と言われる所以である。しかしながら、民主化以降において、地方選挙が再開され、30年ぶりに地方自治が復活した。このような変化に富んだ歴史は、「民主主義イコール地方自治」とも言える考え方を生んだといえる。地方自治は民主主義の象徴であり、地方自治は草の根レベルにおける民主主義の発展のために不可欠な手段でもあると考えられる。ゆえに、民主化以降の韓国の政治空間において、地方自治の拡大である地方分権改革は非常に重要な政策課題となっている。

　こうした背景のもとで、韓国政府－特に、歴代大統領と大統領の方針に従う行政安全部（日本の総務省に相当する。）－は、地方公共団体の行財政的自律性の向上のために、大規模な権限移譲や税源移譲を中心とした抜本的な地方分権改革を試みてきた。

　しかしながら、国会議員は地方分権改革そのものには反対していないが、自

らの得票戦略上好都合な形で地方分権改革を進めようとしている。例えば、権限移譲においては、地方公共団体の行財政的自律性の向上に役立つような権限移譲を阻止している。また、地方公共団体間の「財政的格差」を強調し、「格差拡大の懸念」を理由に、大規模な税源移譲を阻止している。そのため、必ずしも韓国政府の意図通りの抜本的な地方分権改革は進んでいない。それはなぜか、本書の仮説を以下に提示する。

仮説1　改革のプロセスにおいて、大統領に比べ、国会議員がより大きな影響力を持つ。

　民主化以前の軍事独裁政権の下では、政策形成プロセスにおいてこれと言った役割を果たすことができなかった国会議員が、民主化以降においては、実質的な影響力を持つことができるようになった。大統領を中心とする中央政府が推進しようとする地方分権改革の制度設計のプロセスにおいて、大統領の影響力の行使は制限されており、国会議員の意図通りの地方分権改革の制度設計がなされることが多い。つまり、国会議員は得票戦略上の必要に応じて、大統領の進める地方分権改革に賛成するか、阻止している。そのため、必ずしも大統領の意図通りの地方分権改革が進まない。

仮説2　国会議員は地域主義に基づいた得票戦略を駆使する。

　国会議員は地方分権改革のプロセスにおいて、得票戦略上有利になるような制度設計を行うために、韓国政府が進めようとしている抜本的な地方分権改革を阻止している。この背景に地域主義がある。地域主義とは、政治家が自らの縁故地域において排他的な支持を得るだけでなく、彼らが率いる政治勢力（例えば、政党）までも、同様の支持の偏りを示し、それらの地域で政治空間を文字どおり「独占」することである[4]。地域主義は民主化以降の韓国におけるすべての選挙において、例外なく常に同じようなパターンで表れている。民主化宣言以降の韓国政治を説明する上で、地域主義ほど強力な説明力を持つものはない[5]と言われている。

　地域主義は特定の地域－嶺南（慶尚道、釜山、蔚山、大邱）と湖南（全羅道、光州）

ーにおいて、選挙のたびに例外なく表れている。しかし、ソウル、首都圏や一部の都市部においては、有権者の出身地によって多少の影響はあるものの、地域主義は顕著には表れていない（本書27頁の表1－2）。

一つの国家の中で、地域と政党が結合し、政党支持のパターンも地域によって異なるという現象は、それほど珍しいものではない。しかし、そうした例の多くは、人種、宗教、言語などが違う場合が多い。韓国においてはそのような地域間の差異や対立はない。しかも、地域主義が表れる地域における選挙の結果はきわめて極端な形で顕在化する。

3．拒否権プレーヤー

本書において、拒否権プレーヤーに注目する理由は次の五つである。第一に、制度は改革されにくいように設計される傾向がある[6]。第二に、地方分権改革という政策領域は非常に多くの利害関係が錯綜するために、いかに拒否権プレーヤーを封じ込めるかが改革の成敗を大きく左右すると考えられる。第三に、拒否権プレーヤー理論の目標は、異なる政治体における政策形成の帰結を異なったものとする要因を特定することであり、そのような差異を研究することである。つまり、制度的複雑性の水準とは無関係な形で、諸政治体制を研究し、分析するための共通の枠組みを確立しようと試みるのである[7]。第四に、拒否権プレーヤーは、特定の国の政治空間での競争においてほかのアクターの優位に立てると考えられ、拒否権プレーヤーの政策志向が反映されないような制度設計はなされにくいと考えられる。そのため、拒否権プレーヤーの政策志向を分析することによって、その国の政策的方向性を予測できる[8]。

第五に、拒否権プレーヤーという分析枠組みを用いた研究は日本や韓国の政治学の先行研究において、量・質ともに必ずしも豊富であるとはいえない[9]。

（1）拒否権プレーヤーの定義

拒否権プレーヤーの定義であるが、ツベリス（Tsebelis, George）[10]によると、政策（現状）を変更するためには、一定数の個人的または集合的アクターが、

提起された変更に同意しなければならない。同意を得る必要があるアクターは拒否権プレーヤーである。この定義においては、現状の変更への同意が強調されている。そのため、ツベリスの定義では、政権にとって望ましい選好が現状とは異なっている場合に限って、妥当であると考えられる[11]。しかしながら、政策形成や法案の策定は必ずしも現状の変更を伴うわけではなく、現状維持のための政策形成や法案の策定も必要である。

そこで、本書では、エステベズ・アベ（Estevez-Abe, Margarita）の定義に注目する。アベは、拒否権プレーヤーを、法案を成立させるために同意が必要とされるアクター[12]と定義している。本書においては、アベの定義に基づき、分析を進める。

本書では、官僚を地方分権改革における拒否権プレーヤーとしてあまり重視しない。以下、その理由を中心により詳しく検討する。ここで、検討が必要なのは次の二点である。第一に、韓国における地方分権改革の方向性で、第二に、公務員に対する大統領の幅広い人事権である。

まず、韓国における地方分権改革の方向性である。韓国の地方分権改革は、日本の三位一体改革とは異なり、政治改革や中央政府の財政対策の一環としてではなく、後述のように、民主化以降における地方自治拡充策の一環として地方公共団体の行財政的資源を増やすためのものである。以下、この点に注目し、官僚の政策志向を検討する。

地方自治の所管官庁である行政安全部は、大統領の方針に従い、権限移譲[13]や大規模な税源移譲、普通交付税法定交付率の引き上げなどを積極的に推進しようとしている。しかしながら、税源移譲は限定的な形でしかなされておらず、普通交付税法定交付率の引き上げは国会議員の反対にぶつかり、なされていない。そして、各事業省庁にして見れば、補助金が増えることはその分、自らの権力の強化につながるため、反対する理由はないであろう。また、権限移譲については、事業省庁は積極的に反対するのが普通であろうが、韓国の地方分権改革に関連する権限移譲に対してはあまり大きな反対はしていない。それは、韓国の地方分権改革に伴う権限移譲は後述の通り、地方公共団体の自律性の増大という観点から役に立つ権限－言い換えれば、各事業省庁が大きなダメージを受けることになりかねない－はあまり移譲されていないためである。そして、

予算・財政当局は基本的に税源移譲に反対の立場を堅持している。しかしながら、限定的であるが、地方消費税という形で税源移譲はなされている。そのため、この文脈においては、予算・財政当局は拒否権プレーヤーではないと考えられる。

次に、中央省庁の官僚に対する大統領の幅広い人事権である。国家公務員法第32条①には「行政機関に所属する5級以上の公務員[14]及び高位公務員団[15]に所属する一般職公務員は、所属長官の推薦により、行政安全部長官との協議を経てから、国務総理を経、大統領が任命する。」と定められている。この点に注目し、予算・財政当局について検討する。予算・財政当局は税源移譲に対して基本的に反対している。しかしながら、あまりにも露骨に、強く反対を貫いた場合、大統領の官僚人事権を考慮すると、不利益を被る可能性が高いと考えられる。そのため、後述のように、格差深化の懸念を前面に出し、格差深化の懸念があるため、税源移譲については長期的に検討すべきであるとの一種の争点の曖昧化や時間稼ぎ戦略を駆使している。そして、大統領の人事権は予算・財政当局だけではなく、行政安全部や各事業省庁にも及ぶことは言うまでもない。

そして、予算・財政当局は税源移譲に反対しているが、反対しているからと言って必ずしも拒否権プレーヤーになるわけではない。というのは、前述のように、拒否権プレーヤーは特定の国の政治空間での競争においてほかのアクターの優位に立てると考えられるが、韓国の中央省庁は、5年ごとに大統領が替わるたびに、省庁再編の対象になる。つまり、5年ごとに組織存続の危機に立たされると言っても過言ではない。そのため、政治空間での競争においてほかのアクターの優位に立てるとは考えられない。

（2）拒否権プレーヤーの利益構造と拒否権行使の意図

ツベリス（Tsebelis, George）によると、拒否権プレーヤーは次の二つに分けることができる[16]。まず、制度的拒否権プレーヤーである。これは、ある国において憲法によって特定されている。例えば、大統領制と二院制国会を採用している国においては、例えば、大統領、下院、上院等が制度的拒否権プレーヤー

になりうる。次に、党派的拒否権プレーヤーである。これは、政治システムの特徴によって特定されている。

　そして、事実上（非公式）の拒否権プレーヤーが考えられる。これは、制度的拒否権プレーヤーや党派的拒否権プレーヤーほどではないが、潜在的には制度設計の帰結に影響を及ぼしうる拒否権プレーヤーである[17]。

　前述のように、ツベリスによれば、制度的拒否権プレーヤーは憲法によって特定されているが、憲法によって特定されることは誰が拒否権プレーヤーになり得るかについてである。しかしながら、拒否権プレーヤーになり得るということと、実際、拒否権を行使することとは別問題である。この点を、ストロム（Strom, Kaare）とツベリスとの議論を中心に検討する。

　ストロム[18]は、ツベリスの制度的拒否権プレーヤーと党派的拒否権プレーヤーの区別はあまり意味がないとした。すなわち、両者は独立しているのではなく、互いに連動し合って（highly interdependent）いるという。つまり、制度的拒否権プレーヤーは、拒否権を行使する機会は保障されているが、必ずしも拒否権を行使する意図を持つわけではない。一方で、党派的拒否権プレーヤーは拒否権を行使する意図を持っているとしても、それを行使する機会が常に保障されているわけではないというのである。

　これに対して、ツベリスは、党派的拒否権プレーヤーにおいても、法案作成のプロセスに参加できるため、制度的に保障されていないとしても、拒否権を行使する機会を持たないわけではないと反論する[19]。

　このような議論から、制度的、党派的を問わず、拒否権プレーヤーとして拒否権を行使するかどうかは、拒否権を行使する機会やそれに関連する制度だけではなく、拒否権プレーヤーの意図の分析も必要であると考えられる。その分析のためには拒否権プレーヤーの利益構造の分析が欠かせない[20]。本書における拒否権プレーヤーとしての国会議員は国会で立法活動を展開しており、民主化以降の韓国においては、拒否権を行使する機会に対する制約はなくなったと言える。そのため、彼らの拒否権行使の意図に関連する部分、つまり、利益構造の分析が必要であると考えられる。

1　地方公共団体首長選挙は 1995 年に復活し、1995 年が第一回統一地方選挙になる。
2　例えば、李在殷、2003 年。また、税源移譲の不十分さについては、例えば、孫ヒジュン、2009 年。などを参照。
3　韓国の地方交付税は、普通交付税、特別交付税、分権交付税、不動産交付税の 4 種類がある。
4　出水、1996 年、3 頁。
5　例えば、崔章集、2003 年、169 頁。
6　Pierson, Paul, 2004, P.144.
7　小野、2007 年 b、167―168 頁。
8　Estevez-Abe, Margarita, 2008, P.51. つまり、本書の仮説のように、補助金の財源の激減をもたらしかねないような大規模な税源移譲はなされにくいと考えられる。
9　拒否権プレーヤーを意識したと考えられる、数少ない研究の一つとしては、岩崎、2007 年。がある。岩崎は、明確に拒否権プレーヤーという表現は用いていない。しかし、岩崎の使っている「ハードル」という言葉は、潜在的には、本書において注目している拒否権プレーヤーと一定の関連があると考えられ、その意味で、本書における分析と焦点が共有されていると考えられる。
10　Tsebelis, George, 2002.
11　眞柄・井戸、2007 年、61 頁。
12　Estevez-Abe, Margarita, 2008, P.51. 尚、Abe は拒否権プレーヤーは政治競争において、ほかのアクターの優位に立てることにも注目している。
13　行政安全部の本音としては、地方公共団体にとって実質的に役立つ権限移譲には消極的になると考えられる。
14　日本のキャリアーに相当する。
15　3 級以上の公務員で構成される。
16　Tsebelis, George, 2002, P.2.
17　Tsebelis や Bonoli も事実上の拒否権プレーヤーが存在する可能性を否定していない。例えば、Tsebelis, George, 1995；Bonoli, Giuliano, 2000.
18　Strom, Kaare, 2000, P.280.
19　Tsebelis, George, 2002, PP.85 － 88.
20　眞柄・井戸、前掲書、46 頁。

第 2 節　制度

1．制度の概念整理と定義

　本書における制度の定義に先立ち、三つの制度観に注目する。第一に、制度はゲームのプレーヤーあるいは個人の集合たる組織として定義することができる[1]。

　第二に、ノース（North, Douglas C.）が主張するように、ゲームのルールとして定義されうる[2]。このように理論化する場合、ルールは外生的なものとして決定される。第三に、制度はゲームのプレーヤーによる均衡戦略を通じて形成される、自己維持システムを有する共有された予想として定義されうる。

　本書においては、第三のアプローチを採用する。その理由は、制度に対する均衡ベースのアプローチを採用することによって、制度的補完性の分析ができるためである。つまり、制度的補完性に注目することにより、異なる制度の場において発生し得る様々なタイプの制度と、それら制度間の相互連結の可能性を内生的に扱うことが分析的に可能であるためである[3]。

　本書においては、制度は世の中の仕組みについての共有された予想であると考える[4]。そうした予想はアクターによる戦略的相互作用を通じて内生的に創出され、アクター同士で共有され、拘束性と継続性を持つに至ったものであると言える。制度は要約された情報を主観的に合理的アクターに提供し、彼らが戦略的行動を取ることを可能にする。

　言い換えると、制度は次のようなフィードバックによって形成される。社会におけるアクター同士で戦略的相互作用が繰り返され、各アクターが自分の経験をもとに、社会の仕組みに関してある種の認識を持つに至る。各アクターは、他者の行動に関するすべての詳細な特徴について推論を行うことはできないが、関連するアクターの行動について、いくつかの際立った特徴を認識するこ

とになる。こうした要約された情報に依存して、各アクターはさらに、各自の戦略を発展させるであろう。すなわち、他者の行動に対し、各アクターの主観的認識（予想）に対応した戦略が構築される。そして、他者の行動の際立った特徴に関して自分自身が抱く認識が安定化し、再生産されることによって、自分自身の戦略が安定化し、ほかのアクターとの相互作用に関する有効な指針として機能すると考えられる。

そして、制度はアクターにとって、他者の行動に関して抱く自分自身の予想が維持される限り、いかなるアクターも自らの戦略を変更するのは得策ではないという状態、すなわち、ナッシュ均衡の状態としてとらえることができる[5]。

以下、戸矢[6]に従い、共有された予想に関連する四つの知見を紹介する。

第一に、ゲームのルールが成文化された形態（契約、ルーティン、業務手続など）は、世の中の仕組みについての共有された認識が具体的に表現されたものとして捉えられる。したがって、こうしたルールは、アクターがそれらを世の中の仕組みの適切な具体化であると信じている限り、制度として扱うことができる。

第二に、何度も繰り返された行為が適切なものとして認識されるようになるならば、成文化されない慣行も制度たりうると考えられる。

第三に、アクターがいったん、概念化された制度を認識するようになると、その新しい概念自体がシンボル（フォーカル・ポイント）として機能するようになる。シンボルは世の中の仕組みを具体化したものとして、人々に制度を認識させることを容易にしている。例えば、イデオロギー（1930年代の日本の軍国主義）や歴史的伝統（1980年代の「日本経済モデル」の由来として指摘される前近代の社会システム）が挙げられる。

第四に、純粋に経済的な行動パターンから形成され、共有された予想が、安定して繰り返されるなかで規範的な性格を獲得することがある。その事例としては、日本の終身雇用制がある。この慣行が生まれたのは1930年代であるが、共有された予想が広く社会的な非難を喚起するため、雇用主による従業員の解雇は大きく制限されてきた。

2．民主化以降の韓国政治における制度

　民主化以降の韓国政治における重要な制度として、「二元的民主的正統性（dual legitimacy）」と「地域主義」を提示する。この二つの制度は地方分権改革の政治の制度の制度的環境を構成すると考えられる。つまり、民主化以降の韓国政治におけるアクターたちはこの二つの制度に対しては変化や制約を加えようとせず、この二つの制度の枠組みの中で戦略を形成している。

（1）二元的民主的正統性

　民主化以降の韓国においては、大統領と国会議員はそれぞれ別の選挙によって選ばれるようになり、両者は原則として独立した存在になった。これにより、二元的民主的正統性が保証・維持されるようになった[7]。

　1948年8月15日、民主共和国としての「大韓民国」が誕生したが、1961年5月16日に朴正熙将軍が主導した軍事クーデターにより軍事政権時代に入り、30年以上にわたり、軍事政権による統治が続いた。しかしながら、国民による民主化運動が結実した1987年6月の民主化宣言によって民主主義体制が誕生する。

　民主化以降の韓国における制度としての二元的民主的正統性の形成と維持において、非常に重要な意味を持つのが1987年の憲法改正というフォーマルなルールの変更である。つまり、フォーマルなルールが支えているのは制度の一部分であるとしても、アクターはこうした制度が示す戦略に従って行動し、アクター間に「世の中の仕組み」についての共有された予想が形成されていったのである[8]。

　つまり、民主化以前の韓国においては、形だけの民主共和国が存在しており、選挙を巡る大規模な不正行為がなされ、国民による選挙で選ばれた大統領自らが国民の意思を無視して自らの権力基盤を強化するためだけに独断専行に走り、数回にわたる憲法改正もそのための手段に過ぎなかった。そして、不正行為を行った政権を国民の力によって追い出した4.19革命[9]後においても、政

局は混乱を極め、4.19革命からわずか1年後には軍事クーデターが発生した。また、光州事件[10]などの民主化運動は軍隊や警察による武力鎮圧で多数の死傷者を出した。軍事政権時代から続いた民主化運動の積み重ねが結実したのは、1987年の憲法改正であった。

表1-1 韓国における憲法改正

	時期	統治構造	選挙方法	大統領の任期	任期の制限
憲法の制定	1948年 7月	大統領制	国会での選挙	4年	2期まで
第1次改正	1952年 7月	大統領制	国民による直接選挙	4年	2期まで
第2次改正	1954年11月	大統領制	国民による直接選挙	4年	3期まで
第3次改正	1960年 6月	議院内閣制			
第4次改正	1960年11月	議院内閣制			
	1961年 5月	軍事政権	(国家再建最高会議)		
第5次改正	1962年 1月	大統領制	国民による直接選挙	4年	2期まで
第6次改正	1969年10月	大統領制	国民による直接選挙	4年	3期まで
第7次改正	1972年12月	大統領制	間接選挙	6年	無制限
	1979年10月	(朴正熙大統領暗殺事件)			
	1980年 5月	(光州事件)			
第8次改正	1980年10月	大統領制	間接選挙	7年	重任禁止
	1987年 6月	(民主化宣言)			
第9次改正	1987年10月	大統領制	国民による直接選挙	5年	重任禁止

・1987年10月以降は憲法改正はなされていない。
・第4次改正は1960年の反民主的行為の処罰のための遡及立法ができるようにしたものである。

・筆者作成

　表1-1のように、大韓民国憲法は1948年7月17日の制定以来、9回にわたって改正されている。その中で、大統領制から議院内閣制に変更するためになされた1960年6月の第3次改正、同年11月の第4次改正を除く、7回

第2節　制度　23

の改正はすべて大統領の任期の延長や再選制限の廃止、あるいは大統領の選挙方法の変更など、既存の統治勢力による統治権力の延長の手段として用いられた。第1次改正は、李承晩大統領[11]が国会の反発によって、国会での選挙では再選する可能性がほとんどなくなったため、国民による直接選挙に変更するための改正である。第2次改正は、2期までとなっていた大統領の任期の制限を3期までに延長するための改正である。また、第3次改正は、4.19革命をきっかけに、李承晩政権の独断専行と大統領制への反省から議院内閣制に転換するための憲法改正であった。しかしながら、憲法改正から僅か1年足らずの1961年5月に軍事クーデターが発生し、軍事政権の時代に入った。第5次改正は1961年5月の軍事クーデターに成功し、国家再建最高会議[12]議長として韓国を統治していた朴正熙将軍を大統領に座らせるための改正で、形式的には国民による直接選挙という形を取ったが、それが真の民主的正統性を伴うものではなかった。そして、第6次改正は大統領の任期制限を3期までにするためになされたが、これも朴大統領が政権の座にいる時間を延長させるための憲法改正に過ぎなかった。

　第7次改正においては、1972年2月のアメリカのニクソン大統領の中国訪問と同年9月の田中総理大臣の中国訪問という、日中関係や米中関係の急激な変化を受け、「急変する国際情勢に効果的に対処するための強いリーダーシップが必要」との名分を掲げ、大統領選挙の方法は統一主体国民会議による間接選挙に変更された。そして、大統領の任期の制限もなくなった。この憲法改正により、大統領の位置づけは「政府の首班」から「領導者」へと格上げされた。つまり、大統領は統一主体国民会議議長（憲法第36条③）であり、同会議においては国会議員定数の1/3を選出する（同第40条①）が、その候補者を大統領が一括推薦し、統一主体国民会議においては候補者個人に対する賛否を問う形で選挙がなされる（同②）。そして、大統領には国会解散権が与えられ（同第59条①）、大法院（最高裁判所）長以外の裁判官は大統領が任命する（同第103条②）と定められた。このような大統領への権力の集中により、大統領の位置づけは三権分立の下での政府の首班ではなく、三権の頂点に立つ領導者となった。

そして、1979年10月26日の朴正熙大統領の暗殺後に発足した新軍部政権によってなされた第8次改正においては、大統領の重任禁止は導入されたが間接選挙制度は維持された。このような憲法改正の歴史を踏まえ、民主化後の1987年10月に、国民的合意に基づいた与野党合意によってなされた第9次改正では、国会に関する規定が大統領に関する規定より先に設けられ、大統領の選出方法は国民による直接選挙に改められ、5年単任の大統領制が導入された。

　1987年の憲法改正は権威主義体制への反省からなされており、それは民主主義の象徴のようなものである。また、憲法第128条②において、「大統領の任期の延長または重任制限の変更のために改正された憲法は、その憲法改正案提案時の大統領には、これを適用しない。」と定められている。そのため、仮に現職の大統領が大統領の任期の延長または再選制限の変更のために改正案を提案したとしても現職の大統領には何のメリットもない。1987年の改正以来、憲法の改正はなされていない。つまり、1948年の憲法の制定から1987年までの間に9回、平均5年足らずで1回という頻繁な憲法改正がなされていたが、1987年の民主化以降の韓国においては憲法の改正がなされていないというこの事実は、国民的な合意によってなされた民主的な憲法改正が、いかに安定した制度的環境をもたらしたかを示すものである。1987年の民主化以降の韓国社会の仕組みについての共有された予想としての二元的民主的正統性は非常に強固なものになっていると考えられる。

　そして、韓国における民主化と1987年の憲法改正による一連のフォーマルなルールの変更は本人－代理人関係の観点から、また、大統領と国会の相互作用という観点から韓国政治を考える上で非常に大きな意味を持つ。

　まず、民主化以前と以降における本人－代理人関係の変化である。つまり、民主化以前の韓国の権威主義体制の下では、国民は本人ではなく、大統領も代理人ではなかった。また、国会は大統領に都合よく法案を通してくれる単なる機関（いわゆる「通法府」）に過ぎないような存在であったと言っても過言ではない。そして、国会議員は大統領に従属し、大統領の支配下に置かれていたため、彼らが活動を展開する国会も本人であるはずの国民の代理人として十分な

役割を果たしていたとは言えない。

1987年の憲法改正は、国民が主権者としての位置を取り戻すためのものであった。つまり、民主化以前の大韓民国憲法のように、大統領が間接選挙によって選ばれていた軍事独裁政権下の憲法では、国民はそもそも本人ではなく、大統領も代理人とは言えなかった。

1987年の憲法改正により、国民は二人の代理人を有するようになった。国民は複数の代理人を設け、相互に牽制させることで、均衡を図ろうとするのである。要するに、民主化と1987年の憲法改正によって、本人である国民は国会という代理人を以前より重視し、もう一人の代理人である大統領には制約を加えることで、大統領の独断専行ができなくするための工夫を施したと考えられる[13]。また、民主化以前に比べ、国会の位置づけは大きく変化し、国民に責任を負う立法府としての国会で活動を展開する国会議員が大統領を牽制し、政策形成プロセスにおいて中心的な役割を果たすようになったと考えられる。このような流れから、本書との関連における地方分権改革の制度設計のように、国会議員が政策プロセスにおいて実質的な影響力を持つことができるようになったと言える。

（2）地域主義

民主化以前の韓国においては、軍事政権は選挙への介入や物理的な強制力により、選挙の結果や政局運営に非常に強い影響力を持つことができた。それによって、政治的競争や政局運営における不確実性は非常に高い確率で回避できた。しかしながら、民主化以降の韓国においては、そのような手段は用いられなくなった。

そして、1987年6月の民主化宣言に伴う、同年10月の憲法改正とともに一定の手続き的民主主義が確保されたことによって、権威主義対民主化という対立軸が消え、その代わり登場したのが、嶺南と湖南の対立構図、すなわち、地域主義である。

民主化以降の韓国におけるすべての選挙において、有権者の投票行動を最も強く規定してきたのは、常に「地域主義」であった。

表1－2は、2004年4月に行われた第17代国会議員総選挙の結果である。表1－2からわかるように、ハンナラ党は嶺南を、開かれたウリ党は湖南をそれぞれ支持基盤とし、それぞれの地域において支持を独占している。たとえば、嶺南に属する釜山においては、18議席の中、ハンナラ党が17議席を獲得したが、開かれたウリ党は1議席に過ぎない。一方、湖南においては、全く逆の状況が展開されている。たとえば、光州においては、7議席の中、開かれたウリ党が7議席を席捲しているが、ハンナラ党は議席の獲得ができなかった。

表1-2　第17代国会議員総選挙（2004年4月）の結果

	議席数	ハンナラ党（嶺南）	ウリ党（湖南）	民主党（湖南）	民労党	無所属
ソウル特別市	48	16	32			
仁川広域市	12	3	9			
大田広域市	6		6			
京畿道	49	14	35			
江原道	8	6	2			
忠清北道	8		8			
忠清南道	10	1	5	4（自民連）		
光州広域市（湖南）	7	0	7	0	0	0
全羅北道（湖南）	11	0	11	0	0	0
全羅南道（湖南）	13	0	7	5	0	1
釜山広域市（嶺南）	18	17	1	0	0	0
大邱広域市（嶺南）	12	12	0	0	0	0
慶尚北道（嶺南）	15	14	0	0	0	1
慶尚南道（嶺南）	17	14	2	0	1	0
蔚山広域市（嶺南）	6	3	1	1（国民統合21）	1	
済州道	3		3			

・出処：中央選挙管理委員会ホームページを参考に筆者が作成。
・ウリ党は開かれたウリ党の略。民主党は新一千年民主党の略。民労党は民主労働党の略。
・新一千年民主党は2000年1月に結党された。開かれたウリ党と同じく、湖南を支持基盤とする政党である。

このような結果、つまり、地域主義は民主化以降の韓国においては、選挙の種類に関係なく、ほとんど例外なく、常に同じようなパターンで表れている。そのため、地域主義の下においては、嶺南：ハンナラ党、湖南：開かれたウリ党という図式が成立しており、これらの地域における選挙の結果は高い確率で予測できる。

　民主化以降の韓国のすべての選挙において、地域主義が表れるようになり[14]、民主化以前の「与村野都」、つまり、与党＝農村部、野党＝都市部という投票の傾向はあまり当てはまらなくなった。民主化以降の選挙の都市部における政党の支持率は、このような主張を裏付けている。例えば、1988年の第13代国会議員総選挙において、ソウルでは、民主正義党26.2％、統一民主党23.4％、平和民主党27％であった。2000年の第16代国会議員総選挙において、ソウルでは、ハンナラ党43.3％、民主党45.1％であった。仁川においては、ハンナラ党41.7％、民主党40.6％であった。つまり、都市部での野党色がなくなり、与野党が拮抗しているのである[15]。

　地域主義は有権者にとって囚人のジレンマのような状況と言える。

表1-3　地域主義と囚人のジレンマ

		湖南	
		非地域主義的投票	地域主義的投票
嶺南	非地域主義的投票	政策競争	湖南による独占（嶺南には損）
	地域主義的投票	嶺南による独占（湖南には損）	地域主義的投票

・筆者作成

　地域主義の下における有権者の選好は表1-3のようであると考えられる。

　民主主義の観点から最も理想的なのは非地域主義的投票、すなわち、政策競争である。しかしながら、地域主義の表れる地域においては、例えば、湖南地域の有権者が地域主義的投票ではなく、政策内容に基づいて投票をするとしても、嶺南地域の有権者が同じように、地域主義的投票をしないという保証はな

い。逆に、仮に嶺南地域の有権者だけが地域主義的投票をしなくなれば、嶺南地域だけが損をするかもしれないという一種の被害意識がある。湖南地域の有権者も同様である。

表1-4　有権者の出身地と居住地

	居住地域	比率(%)		居住地域	比率(%)
忠清出身 非忠清居住者 比率	ソウル	33.5	湖南出身 非湖南居住者 比率	ソウル	43.0
	仁川・京畿	52.6		仁川・京畿	38.0
	光州・全羅	3.4		大田・忠清	5.7
	大邱・慶北	2.5		大邱・慶北	2.6
	釜山・蔚山・慶南	6.5		釜山・蔚山・慶南	8.1
	済州・江原	1.5		済州・江原	2.6
大邱・慶北出身 非大邱・慶北居住 者比率	ソウル	27.8	釜山・蔚山・慶南出身 非釜山・蔚山・慶南居住者 比率	ソウル	39.3
	仁川・京畿	22.6		仁川・京畿	29.8
	光州・全羅	1.0		光州・全羅	1.1
	大田・忠清	10.1		大邱・慶北	19.1
	釜山・蔚山・慶南	36.5		大田・忠清	7.3
	済州・江原	2.1		済州・江原	3.4

・出処：康元澤、2008年、93頁。

　ここで、地域主義的投票を行う有権者にとっての地域は何を意味するのかを検討する必要がある。表1-4は、2007年12月の第17代大統領選挙における有権者の出身地と居住地を示している。出身地に関係なく、ソウルや仁川・京畿など首都圏居住者の比率が高い。2005年現在、全人口の48.1％が首都圏に居住している[16]。

　表1-5は、2007年12月の第17代大統領選挙における有権者の出身地と各候補の支持率との関係である。

　例えば、李明博候補の支持基盤である地域、すなわち、大邱・慶北（嶺南）出身者の70.1％が、同じく李候補の支持基盤である、釜山・慶南（嶺南）出身

表1-5　有権者の出身地と支持候補　　　　　　　　　　　　　　　（単位：％）

出身地	李明博	鄭東泳	李會昌
ソウル	52.6	12.8	9.1
仁川・京畿	53.6	16.7	8.6
大田・忠清	49.8	13.8	18.7
光州・全羅	19.0	59.2	3.4
大邱・慶北	70.1	7.3	10.5
釜山・慶南	56.1	7.3	14.0

・出処：康元澤、前掲書、76頁。

者の56.1％が、それぞれ李候補に投票している。しかしながら、鄭東泳候補を支持した有権者は、大邱・慶北（嶺南）出身者の7.3％、釜山・慶南（嶺南）出身者の7.3％に過ぎない。一方、鄭東泳候補の支持基盤である光州・全羅（湖南）出身者の中、李候補を支持した有権者は19.0％に過ぎないが、光州・全羅（湖南）出身者の59.2％が鄭候補を支持している。

　表1－6は、有権者の出身地と居住地をともに考慮した場合の、地域ごとの各候補の支持率である。李候補の支持基盤になる、大邱・慶北出身者の中、大邱・慶北居住者の77.3％、非居住者の70.6％が、それぞれ李候補を支持している。そして、鄭候補の支持基盤である、光州・全羅地域出身者の中で、湖南居住者の79.6％、非居住者の51.0％が鄭候補を支持している。この結果から、有権者の投票傾向として、前述の出身地だけを考慮した場合と、あまり大きな違いはないと言える。つまり、地域主義的投票を行う有権者にとって、「地域」は出身地域を意味すると考えられる。

　これらの結果（表1－2から表1－6まで）に関連して注目する必要があるの

表1-6　有権者の出身地・居住地と支持候補　　　　　　　　　　　（単位：％）

	湖南出身		大邱・慶北出身		釜山・蔚山・慶南出身	
	出身地域居住者	出身地域非居住者	出身地域居住者	出身地域非居住者	出身地域居住者	出身地域非居住者
李明博	13.8	27.2	77.3	70.6	61.7	69.5
鄭東泳	79.6	51.0	11.0	11.1	8.3	8.5

・出処：康元澤、前掲書、79頁。

は、ソウル特別市や首都圏などである。これらの地域においては、光州・全羅出身の有権者や大邱・慶北出身の有権者も居住しており、彼らは自らの出身地とつながりを持つ候補を支持する傾向があると考えられる。しかしながら、ソウル特別市や首都圏などにおいては地域主義が表れないため、光州・全羅出身の有権者や大邱・慶北出身の有権者以外の、例えば、ソウルや首都圏出身の有権者は「地域」とは関係ない投票行動を取る。そのため、ソウルや首都圏などの地方公共団体に地盤を持つ国会議員は自らの選挙区における有権者の出身地などに関する詳しい情報を持たない限り、非常に難しい選択を迫られることになると言える。

---

1 Nelson, Richard R., 1994, P.57.
2 North, Douglas C.,1990.
3 青木、2001年、226－227頁。尚、前述の三つの制度観については、青木、前掲書と戸矢、2003年。による。
4 ここでの記述は、青木、前掲書と戸矢、前掲書に負う。
5 青木、前掲書、14—18頁。
6 戸矢、前掲書、61頁。
7 韓国においては、国会による大統領に対する弾劾訴追案の発案ができ、1987年以前の韓国憲法では大統領には国会解散権が与えられていた。
8 戸矢、前掲書、93－94頁。
9 1960年3月15日に行われた第4代大統領選挙と第5代副大統領選挙において、政権によってなされた大規模な不正行為に抗議するため、学生の主導によって展開された全国規模の抗議運動。軍隊や警察による武力鎮圧によって多数の死傷者が出たため、李承晩大統領も辞任に追い込まれた。ウィキペディアフリー百科事典。
10 1980年5月18日から5月27日にかけて、全羅南道の道庁所在地であった光州市で発生した。民主化を求める活動家とそれを支持する学生、市民が韓国軍と衝突し、多数の死者が出た。ウィキペディアフリー百科事典。
11 本書で用いられている役職名、省庁名、政党名などは特に断らない限り、すべて当時のものである。
12 1961年5月16日の軍事クーデターの直後に設置された最高統治機構。
13 民主化以降の韓国における本人―代理人に関する記述については、浅羽、2004年。が参考になった。

14 この理由について、趙己淑は、次のように主張している。すなわち、第一に、民主対独裁の対立軸がなくなった。第二に、単一民族、分断国家であるため、イデオロギー的許容範囲が狭く、新たな争点や亀裂が発生しにくい。第三に、第13代国会議員総選挙の直前に行われた1987年12月の大統領選挙において、偶然ではあるが、四つの地域政党が誕生した。第四に、各政党が地域主義に訴える選挙戦略を駆使した。第五に、地域主義を前提にした選挙戦略は、すでに使われてきており、そのような基盤もすでにできていた。詳細については、趙己淑、1995年。
15 大西、2004年、198－199頁。
16 東亜日報、2005年12月27日付。

第3節　先行研究の検討

1．日本における韓国政治行政研究

　経済学など他の分野における韓国研究に比べ、日本における韓国政治行政研究は量的に豊富であるとはいえない。
　大西[1]は、韓国において、政権によって金融政策の転換と継続という違いが現れた理由を、地域主義の下における有権者への対応戦略としての「大統領の政策選択」という枠組みで分析している。
　大西の分析においては、5年単任の大統領制の特徴があまり考慮されておらず、これに関連した国会の政策志向などについても必ずしも十分な検討がなされていない。そして、大西は、地域主義の下における国会議員の退出戦略についても、湖南地域の議員は退出戦略を持たなかったため、金大中大統領によって、ソウル地域の議員や有権者だけを考慮した政策選択がなされたとしている。しかし、なぜ湖南地域の議員は退出戦略を持たなかったのかについては分析が不十分である。また、韓国における地域主義の下において、果たして、議員が自らの政策志向を貫くために退出戦略を駆使するのか疑わしい。これらの点は大西の研究の分析枠組の中核をなす非常に重要なロジックであるが、その部分についての説明や分析が不十分ており、これにより、大西の分析の説明力の低下につながっている。
　姜[2]は、現在の韓国の地方自治制度の原点ともいえる、日本の植民地時代の「朝鮮」における地方制度の分析を試みている。また、韓国における教育自治にかかわる政府間関係に注目し、教育自治のあり方を模索している[3]。姜によるこの二つの研究は、いずれも韓国の地方自治と教育自治についての歴史的な観点からの研究分析である。
　そして、日本と韓国の比較研究である。日本と韓国の比較研究としては、量

的には少ないが、次のような先行研究がなされている。

　まず、大西・建林[4]は、日韓両国における省庁再編の頻度・スピード・規模の違いが現れた理由を分析している。すなわち、大西・建林は、日本においては大規模な省庁再編はあまり行われていないが、韓国においては政権が変わるたびに省庁再編[5]がなされている点に注目し、日韓における官僚制の人事制度と組織情報の分布状況の違いに注目し、両国の省庁再編の特徴を分析している。

　趙[6]は、日本と韓国における予算過程に関する比較研究を行っており、韓国における予算過程において最も重要かつ大きな影響力を持つアクターは大統領であるとしているが、彼の研究においては、大統領の影響力の源として法律などの公式的な制度だけに注目している。

　次に、日韓の政治体制に関する比較研究として、日韓における利益団体の比較分析[7]、日韓における国会議員選挙の比較分析[8]、政策決定構造の日韓比較研究[9]、人事行政システムと天下りのプロセスに関する日韓比較研究[10]などがある。

　そして、日韓両国の地方分権改革に関する比較研究は管見する限り、ほとんどないが、河の研究[11]がある。河の研究では、なぜ特定の時期に－1990年代の日本において、そして、韓国においては盧武鉉政権期－地方分権関連法律が制定されるなど地方分権が進展したのかについての分析がなされている。河はキングドン（Kingdon, J. W.）の政策の窓モデルを用いて分析している。河も認めているように、政策の窓モデルにおける問題、政治、政策という三つの流れをそれぞれどれだけ独立した流れとして把握できるのか[12]疑わしい。

2．韓国における研究

　韓国においては、1987 年の 6・29 民主化宣言によって、地方自治の復活が決定した。1988 年には地方自治法が全面的に改正された。1991 年 4 月に「基礎自治団体（区・市・郡）議会」が設置され、同年 7 月には「広域自治団体（市（特別市、広域市）・道）議会」が設置された。そして、1995 年 6 月に地方公共団体の首長選挙が実施され、制度的に地方自治の基盤が確立し、軍事政権の誕

生以来中断していた地方自治が復活した。

　地方自治が復活する以前の韓国における地方自治をめぐる議論においては、日本における集権主義パラダイムのように、西洋の地方自治が一つの模範になっており、分権や効率が一つの価値になっていた。そして、いかにして韓国の地方自治を西洋の地方自治に近づけることができるかと言う点が研究の焦点となっていた。そのため、主に、韓国の地方自治制度の限界を論じ、それを改革するための方策を提示したり、西洋諸国の制度を紹介するに止まっていた。

　しかしながら、地方自治が復活してからは、従来とは異なり、様々な角度から地方自治をめぐる議論が展開されている。例えば、地方議会の機能に注目する研究[13]、地方自治における政党の役割に注目する研究[14]、公選の首長のリーダーシップが機能するための条件を探る研究[15]等である。これらの研究は、地方議会や政党、また、首長のリーダーシップがよりよく機能するための条件を探る研究であり、その意味で強い規範論的要素を持っているといえる。

　そして、地方自治の復活に伴い、韓国における政府間関係の変化に注目し、従来の政府間関係を主従関係と捉える議論とは異なる視点に基づき、政府間の対等な関係に注目した研究が行われている。その研究動向は、次の通りである。第一に、地域権力構造に注目し、地方レベルにおける政治の活性化のための方策を探る研究[16]、第二に、地方政府の政策志向に注目し、地方政府に独自の政策志向を持たせる仕組みを模索する研究[17]、第三に、政府間における効率的な事務・機能配分のための方策を探る研究[18]である。これらの研究は、民主化以降の政府間の関係を対等なものと捉え、議論を進めたと言う点においては、従来の議論に比べ一歩進んだ研究であるといえる。しかし、その議論の焦点が現状に関する実証分析と言うよりは、現状における問題点の認識に基づき、その改善策を模索する研究であった。その意味では、従来の議論の延長線上にあるといえ、そこに限界があったと考えられる。第四に、「NIMBY」論に注目する研究が行われている。その研究では、地方政府における政策形成をめぐる中央政府と地方政府の政策志向が異なる場合、それを、地方政府独自の政策意思と見なすよりは「NIMBY」ないし「地域エゴ」[19]と捉え、それによってもたらされる政府間の対立を解決するための手段やメカニズムを探る研究が中心で

あった。韓国においては、「NIMBY」や「地域エゴ」を巡る議論において、「NIMBY」と「地域エゴ」は、同じ意味で使われており、殆ど区別されていない。これらと類似したニュアンスを持つ造語として、NIMTOO（Not In My Term Of Office）も使われている。

　以下、NIMBY論の立場から行われた主な研究を紹介する。

　權は、中央－地方政府間における対立の解決に関連し、既存の制度的問題点を分析し、制度的改善策として、政府間の交渉技術の向上、第三者機関として行政協議調整委員会の設置、国策事業特別法の制定等を提案している[20]。

　金は、仁川国際空港建設計画、京釜高速鉄道（KTX）建設計画、原子力発電所、核廃棄物処分場等中央政府が国策として推進しようとする「国策事業」が、環境団体や建設予定地地元の地方公共団体や住民の反対によって遅々として進まない状況をNIMBY現象と捉え、それを打開するための解決策として、政府間の契約、協定の締結、行政法院（行政裁判所）による政府間の紛争の裁定を提案している[21]。安も地方政府間における対立の解決策として、第三者機関の設置、地方議会議員の参加拡大等を提案しており、前述の權、金の研究と類似している[22]。これらの研究は、主に中央政府側のロジックをベースにしており、地方政府独自の政策意思を「地域エゴ」と言う限定的側面に還元してしまう研究であるといえる。このように政府間関係を巡る議論は主に実践的文脈において行われたが、その理由としては、韓国における地方自治の浅い歴史や西欧の地方自治制度こそが、将来、韓国が目指すべき地方自治のモデルであると言うのが一般的な認識であった点を指摘できる。

　また、韓国における地方分権改革に関する研究は量・質ともに決して豊富であるとはいえない。その殆どは、現在、韓国でなされている地方分権改革の動向やそれに関連する制度的特徴を紹介し、それを踏まえて新たな制度設計の方策を提示するものである。

　まず、社会運動論である。民主化以降の韓国においては様々な分野において市民運動・社会運動が盛んになった。「地方分権運動」もその一つである[23]。「地方分権運動」に注目した分析においては、例えば、ある特定の地方公共団体における条例制定運動などをケースに分析されており、条例制定までの一連のプ

ロセスを追いながらそれを紹介し、その特徴や問題点を明らかにし、地方政府における条例制定のあり方の模索がなされている。

次に、韓国の地方分権特別法の内容を紹介しながら、その意義と限界の分析を試みた研究もあるが、これも理論的な実証分析と言うより現状の問題点を提示し、韓国の地方分権改革のあり方を探るものである[24]。また、地方自治のより一層の活性化のために、地方分権改革の推進とともに、地方政府の改革も同時に進めるべきであるとの主張もある[25]。地方分権改革についてもやはり、理論的・実証的な分析と言うよりは、韓国の地方分権改革における課題に注目しつつ、そのあり方を模索するための一種の規範論であると考えられる。

そして、地域主義についてである。従来、地域主義については、様々な角度から量的に豊富な研究がなされてきた。例えば、最も多くなされた研究は、地域主義は非合理的、心理的投票の結果であり、「地域感情」や「地域情緒」と言う表現からも推測できるように、地域主義は悪であり、「清算されるべき古い時代の残滓」、「亡国の病」とされ、それをなくすための方策を探るものであった[26]。そのような研究においては、地域主義を助長する政治家を批判し、地域主義をなくすための方策を提示する規範的なものが殆どであった。しかしながら、地域主義の持つ政治行政的意味や地域主義と政策形成の帰結との関連を探る研究は、管見する限り、ほとんど行われていない。

3．日本における政府間関係論

戦後日本における政府間関係をめぐる議論は、大きく分けて二つの流れを中心に行われてきたといえる。すなわち集権主義モデルと相互依存モデルである。以下においては、相互依存モデルを中心に検討する。

日本における相互依存モデルの代表的論者である村松岐夫は、従来の日本における地方自治研究の焦点が中央と地方の行政関係に集中し、一国の政治構造全体の一部としての地方自治をとらえようとする視点を欠いていた点を批判し、新たに政治過程的視点を導入する必要性を提起している。

村松[27]は、政治過程的視点を加えた、新理論を発展させ、辻[28]の理論を垂

直的行政統制モデルと位置づけ、それを、水平的政治競争モデル及び相互依存モデルと対置させ、垂直的行政統制モデルによっては説明できなかった日本の地方自治の現状に注目する。それは、戦後民主主義によってもたらされた地元出身国会議員による政治的圧力活動の強化、首長の政治的重要性と影響力の拡大、地方レベルでの活発な政治プロセスである。

　村松によると、日本における政府間関係の特徴は、第一に、中央の設定した基準を手がかりに、地方はできるだけ地方の実情を反映させている。第二に、府県の媒介の役割は大きく、中央の政策意図の解釈は、府県によって多様である。第三に、各政府レベルとも、相互に独自の自由を持ち、情報と意見を交換し合って事業を推進している点である。従って、日本の政府間関係は、選挙を鍵とする政治に媒介された相互依存関係として最も適切に理解される。

　村松の相互依存モデルは、第二次世界大戦を機に、福祉国家化の傾向が進展し、それに伴う行政需要の爆発的増加は公共部門の拡大をもたらし、執行機関としての地方政府に対する中央政府の依存度が高まったと言う側面に注目した研究であるといえる。

　日韓両国は酷似した地方自治制度を持っている。そうであるとすれば、日本における地方自治や政府間関係を説明する相互依存モデルを韓国における地方自治や政府間関係の説明に用いることができるのかを検討するのは非常に興味深い作業であると考えられる。

　つまり、相互依存モデルの最大の貢献として、前述のような、政治の発見を指摘できる[29]。では、韓国における政府間関係、たとえば地方分権改革の議論において、相互依存モデルをそのまま適用できるのであろうか。本書の主張は、民主化以降の韓国の地域主義の下における政治ルートは、相互依存モデルの分析によって発見されたものとは異なる形で機能する、と言うものである。重要な要素は、第一に地域主義である。これが国会議員の再選戦略や院内投票行動などに影響を与え、地方の財政自律度を高めるような制度設計を妨げることになる。第二の要素は政党である。最近まで安定的な構造を維持していた日本の政党制とは異なり、常に離合集散を繰り返す韓国の政党は、個々の国会議員を統合することが難しく、また大統領にとってもパートナーとして依存しにくい。

地方自治を支持する幅広い民意を背景にして大統領が推進をはかろうとした地方分権改革が、きわめて限定的な形にしかなされていない要因はここにあると考えられる。

4．三位一体改革に関する研究

　北村[30]においては、経済財政諮問会議を中心に三位一体改革がもたらされた政策形成プロセスの分析がなされている。そして、岩崎[31]においては、三位一体改革におけるハードルが克服され、それが、三位一体改革の成功につながったプロセスの分析がなされている。北村[32]は、先行研究の一つである、アイディアによる説明の弱点を指摘した。すなわち、アイディアによる説明では、三位一体改革において、「ナショナル・スタンダード」のアイディアが排除された点についての分析が必ずしも明確ではないとしている。しかしながら、北村の分析においても、その点についての明確な分析がなされているとは必ずしも言えない。そして、前述の岩崎の研究[33]は、三位一体改革の政策形成プロセスにおけるハードルに注目している。しかしながら、北村の研究と岩崎の研究ともに、「三位一体」という選択肢が選ばれた理由についての分析枠組みの提示が必ずしも明確になされていない。

5．学者コミュニティー論[34]

　学者コミュニティー論は、例えば、機関委任事務の廃止をめぐる議論において、地方分権推進委員会における学者グループの果たした役割に焦点を当て、彼らの動向を分析していく。「行政学者と行政法学者の連合」は、機関委任事務制度を「ターゲット」に選んでその廃止を目指し、制度温存をはかる中央省庁の局長・審議官クラスと「膝詰め談判の個別ヒアリング[35]」を行っていく。壮絶な個別ヒアリングは、1996年10月28日の厚生省、環境庁との第一回ヒアリングを皮切りに、同年12月6日まで延べ33回も行われた。このように、地方分権推進委員会の諸井虔委員長をして「どうしてあの先生たちはあんなに

熱心なんですか」と言わしめた分権改革に対する熱意は、「自分たちの学問をかけている」からだと当事者の一人は答えている。「改革案の作成には理念が必要」であり、「一に筋、二に熱、三に顔」で膝詰め交渉にあたったという。

膝詰め交渉を担ったのが学者グループであったということから、勧告策定過程で強調される「理念」とは、行政学、行政法学、財政学における「学問的蓄積」であろう。特に、行政学は、地方自治体に対する中央省庁の強力な監督権を、戦後改革の中であっても「日本官僚制の根幹をなすものであったために、・・・極めて微温的であることを免れなかった」と見てきた。「幻惑的な民主的扮装」をこらしながら中央官庁が「本来地方団体に帰属せしめるべき数多くの行政機能を自己の掌中に把握（掌握）してきた」ことは、「すでに地方における膨大な委任事務と極めて限定された固有事務の存在」で明らかであるとし、「官僚制的拘束の残存」を問題としてきた。また、「理念」を強調する委員自身が、福祉行政における機関委任事務の負担金問題に対して実証分析を行っている。こうした知的な流れが機関委任事務廃止を論理的に支えたといえる。

6．政策共同体論

次に取り上げる分析は、政策共同体論である。地方分権推進委員会の委員だけでなくそれを支えた地方分権改革に強い関心を持つアクターにも分析対象を広げて、彼らを一括して「政策共同体」と呼ぶ。この政策共同体のメンバーたちは、具体的には、自治省、地方自治研究専門家、自治労、地方六団体などであり、「日本の中央地方関係と地方自治に関心をもち、この分野の少しの新しい動きにも注意」を払っており、「地方自治や都市問題に関する数多くの月刊誌や書物」を通じて「共通の問題認識」と「共通の言語」を持っているという。

前述の学者コミュニティー論や政策共同体論は、当事者の選好あるいはその実現に対する熱意を説明するかもしれないが、地方分権改革という政策形成プロセス全体を説明できない。例えば、同じ時期に地方分権推進委員会で検討された地方交付税・補助金改革や公共事業の見直しについては、機関委任事務と同じくらい学問的蓄積もあり、当事者に熱意もあったにもかかわらずなしえな

かった。

　韓国においても、地方分権改革をめぐる議論や制度設計のために、学者の力を必要とする場合が多い。韓国においても税源移譲について権限移譲と同じくらい学問的蓄積がある。しかしながら、本書との関連においては、地方移譲推進委員会などにおいて、議論の対象を権限移譲に限定するなどして、税源移譲などについては、学者が税源移譲まで影響力を及ぼすことが困難になっており、権限移譲はある程度なされているが、税源移譲はあまりなされていない。

7. 社会学的制度論と政治学の融合

　社会における組織の形態や施策には類似性が見られる場合がある。例えば、近代国家は例外なく官僚制を採用し、大企業の組織においては高い類似性が見られ、一つの潮流としての地方分権改革や地方公共団体の多くが企画部門を設置するような例などである。また、地方公共団体の政策における類似性や各国の社会福祉政策においても類似性が見られる場合がある。これを組織論では同型化（isomorphism）と言う。社会学的制度論は、これを単に流行やもの真似として片付けてしまうのではなく、なぜ同型化が起こるのかと問うことによって、組織や人間の行動原理を見出そうとするアプローチである。政治学者が所与としてきた要素を探求し、例外としてきた現象を問い直す社会学的制度論の議論は、傾聴に値する[36]。

　実証研究において、合理的説明と新制度論的説明を相互補完的に用いて仮説を立て、それを検証する傾向が顕著である。例えば、非効率なビジネス・モデルの採用に関して、もし採用しなかった場合に、それが実は非常に価値を生むものであったと判明する最悪のシナリオを避けるという合理的説明と、正統な組織は採用するはずであるという合図に従わないことによる正統性喪失の危機を避けるためという新制度論的説明を併用し、どちらが有効かは不確実性の度合いによるという点を、数学的モデルを用いて分析した研究がある[37]。

　そして、伊藤修一郎は、日本の地方公共団体における政策波及を分析しており、不確実性に注目している。伊藤の研究においては社会学的制度論との類似

点を見つけられる。伊藤[38]は、従来の相互依存モデルの弱点に着目し、地方の内部政策過程と中央地方関係の総合的な分析を試みている。すなわち、従来の相互依存モデルが地方の内部の政策過程を無視したこと[39]、そして、個々の政策過程のみを分析したことを批判し、個体レベルにおける政策決定のメカニズムを解明し、それを総体レベルの視座に位置付けることによって、はじめて、そのメカニズムが自律的に機能する条件を明らかにすることができるとする。

このような問題意識に基づき、伊藤は、「動的相互依存モデル」を提示しており、これに基づいて政策波及の分析を行っている。

「動的相互依存モデル」の構成要素は、(1) 内生条件への対応、(2) 相互参照、(3) 横並び競争である。そして、「動的相互依存モデル」によると、一定の条件－地方政府が政策決定に際して直面する不確実性[40]の度合い－によってこれらのメカニズムは、単独または組み合わされて作動し、地方政府の政策過程のあり方を決定づけるとする。そして、この不確実性の度合いを決定するものとして、国の動向及び政策の性質という二つの要素に着目している。

伊藤によると、地方政府は、不確実性を克服するために、不確実性の高い環境下においては、相互参照を、不確実性の低い環境下においては、横並び競争を、それぞれ行うとする。

伊藤は、国家の介入があると横並び競争が発生し、速度の速い政策波及が行われるとしている。そして、横並び競争について集権主義パラダイム[41]と相互依存パラダイムにおいて、異なる説明がなされている点を指摘している。伊藤によると、集権主義パラダイムにおいては、横並び競争を地方公共団体が国に拘束されている証拠とし、相互依存パラダイムにおいては、この横並び競争に地方公共団体独自の政策意図を見る。しかしながら、この過程だけを見ていたのでは、地方公共団体は、単に国に追随したものか、地方公共団体独自の政策意図が発現したものなのかは明かではない。そこで、伊藤は、個体レベルにおける政策決定の分析においては、国の介入というベールを取り除くことによって、横並び競争は解消され、自治体間の水平的な準拠関係から生まれる相互参照と、それぞれの自治体が置かれた内生条件に対応して、新たな政策を模索していく過程が顕在化するとしている。伊藤は、これを「自治型の政策過程」

としている。以上のように、伊藤の研究は、従来の相互依存モデルを発展させ、政策イノベーションと波及を総合的に分析する枠組みを提示した側面では重要な意味を持つといえる。

しかし、伊藤の分析枠組みの重要な要素といえる相互参照と横並び競争の区別が必ずしも明確ではなく、その区別の基準も曖昧である。次に、伊藤は、国の介入の時期だけに注目しているが、時期だけではなく、その度合いも考慮しなければならないと考える[42]。そして、個体レベルにおける政策決定の分析においては、分析手続きとして国の介入というベールを取り除くことによって、地方政府は二つの制約-中央地方関係と地域の社会経済的制約-の下で活動するという点を無視しているという方法論的限界があると考えられる。そのため、伊藤の分析は必ずしも体系的とはいえない。また、「制度」の視点も必ずしも明確ではない。

そして、牧原[43]においては、日本の中央省庁間の同型化を論じ、その理由を政治の圧力と省庁間の模倣に求めている。ただし、分析の中に前述の伊藤の研究同様「制度」の視点はあまり考慮されていない。

このほかに、規範がアクターの利益を規定するという研究[44]においても、社会学的制度論との類似点を見つけられる。

以下においては、本書の分析と社会学的制度論はどのような関連があるか検討する。

地方分権改革は世界的潮流の一つであるとすれば、これ自体は一つの同型化であると考えられ、その背景としては一つの規範としての自律・自治を指摘できる。

しかしながら、自律・自治という規範が地方分権改革という流れそのものは説明できても、地方分権改革の制度設計の具体的内容まで規定するとは考えられない。そのため、韓国における地方分権改革の制度設計のプロセスにおいて、主要政党が類似した利益構造を持つようになるとすれば、つまり、利益構造の同型化がなされるとすれば、そのメカニズムは分析されなければならない。

地域主義の下においては、政党の支持基盤としては二つの地域を考えられる。地域主義が表れる地域とあまり表れない地域である。地域主義が表れる地域に

おいては、それぞれの支持基盤になる地域は高い確率で特定できる。そして、ソウル、首都圏や都市部など地域主義が表れない地域は、地域主義が表れる地域ほど確率は高くないが、潜在的には政党の支持基盤になれる。そのような地域では、政党や国会議員は集票のため、非常に激しい競争を繰り広げる。

　この二つの地域の重要性という意味においては政党による差はあまりない。ここから政党の利益構造の同型化がなされると考えられる。

　韓国における地域主義の下においては、政党は、一党優位制の下で活動を展開する政党とは異なり、次の選挙での勝利をめざす、政党間における激しい競争状態にある。主要な政党はどの政党も、次の選挙において多数党になれる可能性が十分あり、そうなるための政党同士の非常に激しい競争状態に置かれていると言える。ここから、同型化が発生すると考えられる。

　同型化のメカニズムとして、社会学的制度論においては、次の三つが指摘されている。すなわち、強制力 (coercive) への服従、規範 (norm) の遵守、模倣 (mimetic) である[45]。本書の分析においては、この三つに注目しつつ、政党の利益構造の同型化がなされるメカニズムを明確にする。

　この中で何が重要であり、影響を及ぼすかは、分析の対象となるケースによって異なると考えられる。

　以下、地域主義との関連において検討を加える。まず、規範の遵守である。規範は、ゲームはどのように行われるべきか、そして、フェアーなゲームはどのようなものなのかについて規定し、正当な目標とそれを達成するための正当な手段を提示する。

　そして、韓国における地方分権改革をめぐる政党の利益構造の同型化の背景としての規範の遵守について検討する。韓国の地域主義は、民主主義の根幹をなす制度である選挙によって示される有権者からのシグナルである。そのため、地域主義に従うことは、手続き的民主主義という観点からは一つの規範であると考えられるかもしれない。しかしながら、地域主義は韓国において、「地域主義の亡霊」、「亡国の病」などと非常に厳しく非難されており、選挙での勝利を目指す手段として、そして地元利益追求活動として、規範的には決して正当化されるものではない。また、露骨な形で地域主義を助長することは得策で

はない。例えば、1998 年 6 月の統一地方選挙において、ソウル特別市長選挙に立候補した、ハンナラ党の崔炳烈候補は「政治の安定のためには国民統合が大前提であるが、大統領も湖南、ソウル市長も湖南、区長も湖南であれば、湖南の統合は成し遂げられるかもしれないが、国民統合はできない。」とし、湖南出身の金大中大統領と同じく湖南出身で新政治国民会議の高建候補を批判した。しかしながら、ソウルなどの地域においては、地域主義への反感も根強く、嶺南出身者とともに湖南出身者も多く居住しており、この二つの地域以外の出身者も多く居住している。そのため、このような崔候補の発言が逆に有権者の反感を買い、選挙戦に負けた一因であるという分析は非常に説得力がある。

　次に不確実性低減策としての模倣である。ここでは選挙結果の不確実性に注目する。地域主義が表れる地域においては、前述のように、選挙結果の不確実性は低減する。一方、地域主義が表れない地域においては、選挙結果の不確実性は、地域主義の表れる地域ほど低減しない。要するに、韓国の主要政党は、地域主義の表れない地域における不確実性の低減策として、その地域での集票戦略が非常に重要であるという点において共通している。

　そして、強制力への服従である。本書における分析においては、この強制力への服従と不確実性低減策としての模倣が重要である。すなわち、政治の世界における究極の本人である有権者のシグナルの強制力である。地域主義は選挙における有権者のシグナルの表れ方を捉えた用語である。また、後述のように、地域主義の規定力は非常に強い。

補論　先行研究を踏まえて

　韓国は日本に酷似した地方自治制度を持っている。そうであるとすれば、日本とは異なる地方分権改革がなされる理由については分析に値する。しかしながら、先行研究においては、韓国の地方分権改革の政策的帰結とその理由を分析した研究は、管見する限り皆無であると言っても過言ではない。また、日本

の地方自治や中央地方関係を分析する上で有力なモデルである相互依存モデルの韓国の地方自治や中央地方関係分析への適用可能性についても同様である。

　そして、民主化以降の韓国政治を説明する上で最も重要な要素の一つは地域主義である。しかしながら、地域主義が政治家や有権者にとってどのような意味を持ち、政策形成においてどのような影響を及ぼし、どのような政策的帰結をもたらすかについての研究はほとんどなされていない。

　本書はこれらの点を踏まえ、民主化以降の韓国政治と地域主義に焦点を当て、地方分権改革の政策形成プロセスを分析することにより、地域主義が韓国の地方分権改革の政策的帰結に大きな影響力を持つことを明らかにすることにより、前述の先行研究の弱点を補い、民主化以降の韓国政治についての理解を深めようとする試みである。

1　大西、2005年。
2　姜再鎬、2001年。
3　姜再鎬、1999年。
4　大西・建林、1998年。
5　実際に行われた主な省庁再編は次の通りである。
　1994年12月、当時の建設部と交通部が統合し、建設交通部が発足した。建設交通部は、2008年2月の省庁再編では国土海洋部に変わった。
　1996年8月、当時の海運港湾庁、水産庁、建設交通部水路局、海難審判院が統合され、海洋水産部が誕生した。海洋水産部は2008年2月の省庁再編で廃止され、その機能は、国土海洋部と農林水産食品部に移管された。
　1955年2月、保健社会部が誕生し、1994年、保健福祉部に変わり、2008年2月の省庁再編では、国家青少年委員会と女性家族部の家族、保育関連部局、企画予算処の二極化・民生対策本部が統合され、保健福祉家族部となった。
　1973年、農水産部が誕生し、1987年には農林水産部となり、1996年8月には、海洋水産部の誕生に伴い、農林部となった。そして、2008年2月の省庁再編では、海洋水産部の水産業関連部局を吸収し、農林水産食品部となった。
　1948年11月、文教部が誕生したが、1990年12月、教育部に変わった。2001年1月には教育人的資源部となり、その長官（日本の大臣）は副総理兼任となった。そして、2008年2月の省庁再編では、科学技術部と統合し、教育科学技術部になった。
　1993年3月、商工部と動力資源部が統合し、商工資源部となり、1996年2月には、

通商産業部に変わった。1998年2月に産業資源部となり、2008年2月には、産業資源部の産業、貿易、投資、エネルギー政策関連部局、情報通信部のIT産業政策、郵政関連部局、科学技術部の産業技術R&D政策関連部局、財政経済部の経済自由区域企画、知識特化企画関連部局が統合され、知識経済部に変わった。

　1948年に誕生した内務部は、1998年2月に、当時の総務処と統合し、行政自治部になり、2008年2月の省庁再編では、中央人事委員会や非常企画委員会などの機能が追加され、行政安全部となった。

　1994年12月、当時の財務部と経済企画院が統合し、財政経済院が誕生した。その長官（日本の大臣）は副総理兼任であったが、1998年2月、副総理制度の廃止に伴い、財政経済部となった。また、この時に、企画予算委員会と予算庁が分離された。

　1999年2月には、企画予算委員会と予算庁が統合し、企画予算処となり、2008年2月には、企画予算処と財政経済部が統合し、企画財政部となった。再編のポイントは、予算部門と財政部門との統合か分離である。

6　趙文富、1996年。
7　辻中・李政熙・廉載鎬、1998年。
8　福井・李甲允、1998年。
9　中野・廉載鎬、1998年。
10　曹圭哲、1998年。
11　河正鳳、2004年。
12　河正鳳、前掲論文。
13　申基紘ほか、1992年。
14　柳在源、1994年；朴熙緒、1997年。
15　李勝鍾、1998年。
16　崔興錫、1998年；柳在源、1999年b。
17　柳在源、1999年a；姜昌鉉、1997年。
18　趙昌鉉、1996年；河在龍、1996年；金載勲、1998年。
19　地域エゴには二つの側面があると考えられる。すなわち、地元への迷惑施設の建設を阻止しようとするNIMBY（Never In My Back Yard）と地元への利益になる施設を積極的に誘致しようとするPIMFY（Please In My Front Yard）である。韓国においては、PIMFYについての議論はあまり行われておらず、NIMBY論を中心に議論が展開されている。
20　權五哲、1996年。
21　金暎洙、1999年。
22　安成浩、1994年。
23　例えば、金台鎰、2006年。
24　金順殷、2005年。
25　金暎洙、2006年。
26　例えば、金ムンジョ、1990年；金チャンヒ、1988年；金ジンクック、1988年。
27　村松、1988年。

28 辻、1976 年。
29 相互依存モデルの説明と検討については、笠、1990 年。
30 北村、2005 年；2006 年。
31 岩崎、2007 年。
32 北村、前掲論文。
33 岩崎、前掲論文。
34 学者コミュニティー論と政策共同体論については、北村、2000 年。による。
35 西尾、2007 年。
36 社会学的制度論の説明と検討については、伊藤修一郎、2002 年 b。
37 Abrahamson, Eric and Rosenkopf, Lori, 1993.
38 伊藤修一郎、2002 年 a。
39 村松も地方の内的政策過程分析の重要性を論じている。村松、1988 年。
40 伊藤は、不確実性について、次のように説明している。
　　新たな政策課題に対処しようとする場合、自治体の政策決定者は、高い不確実性に直面する（伊藤修一郎、2002 年 a、22 頁）。不確実性とは、各行動によって引き起こされうる結果の集合はわかっているが、それらの結果が生起する確率分布がわからない状態を意味する。不確実性の高い環境とは、政策を採用することで、どのような結果が、どのくらいの蓋然性で発生するかわからない状態を意味する。不確実性には二通りのものがある。それは、「技術的不確実性」と「対外的不確実性」である。「技術的不確実性」について、伊藤は、March and Olsen の技術概念、すなわち、因果関係の予測や評価にかかわる要素を援用しているが、「技術的不確実性」は、結果の予測や評価に関する不確実性である。「対外的不確実性」は、国の態度が未定であることに伴う不確実性である。国より先に政策採用した自治体は、国が採用した場合に、国の政策内容が自分のものと大きく異なる結果に終わる可能性を抱えることになる。国の先を行こうとする自治体の政策決定者は、技術的不確実性と対外的不確実性が複合した環境に向き合わなければならないのである。
41 原文では、「垂直的行政統制モデル」となっている。伊藤修一郎、前掲書、13 頁。
42 国の介入の度合いに注目した研究としては、村上、1994 年。
43 牧原、1999 年。
44 Katzenstein, Peter J., 1993 ; 1996.
45 Dimaggio, Paul J. and Powell, Walter W., 1991.

第２部　地方分権改革過程の検討

第 1 節　民主化以前の地方自治 [1]

　1948 年 8 月 15 日、大韓民国政府が誕生し、1949 年 7 月には地方自治法が制定された。しかし、左右の激しい対立、朝鮮戦争などの影響により、地方議会議員選挙がはじめて実施されたのは 1952 年であった。1952 年 4 月 25 日に「広域地方自治団体議会」議員選挙が行われ、同年 5 月 10 日には、「基礎地方自治団体議会」議員選挙が行われた。これが韓国における地方自治の始まりとされる。当時、基礎地方公共団体の首長はそれぞれの地方公共団体の議会における互選で選ばれ、広域地方公共団体の首長は大統領が任命していたが、1960 年の 4・19 革命によって、広域、基礎地方公共団体ともに首長の公選制に変わった。

　しかし、1961 年 5 月 16 日の軍事クーデターによって軍事政権が発足し、地方自治の進展は大きく阻害されることとなる。1961 年 5 月の軍事革命委員会布告第 4 号により、全国の地方議会は解散させられ、同年 6 月の国家再建非常措置法第 20 条により、広域地方公共団体と人口 15 万人以上の地方公共団体の首長は、国家再建最高会議の承認を得て内閣が任命するように、その他の首長は道知事が任命するようにそれぞれ改められた。

　次に、地方自治に関連する憲法の規定である。1972 年 10 月の維新憲法においては、第 10 章「地方自治」が設けられ、第 114 条においては、「①地方自治団体は住民の福利に関する事務を処理し、財産を管理し、法令の範囲内で自治に関する規定を制定できる。②地方自治団体の種類は、これを法律で定める。」と規定された。第 115 条においては、「①地方自治団体には議会を置く。②地方議会の組織・権限・議員の選挙と地方自治団体の組織及びその運営に関する事項については、これを法律で定める。」と規定された。しかしながら、付則第 10 条においては、「この憲法による地方議会は祖国が統一されるまでこれを構成しない。」と定められた。これは、事実上地方自治は実施しないこ

とを明文化したものであったと考えられる。

　1979年10月26日、朴正煕大統領が暗殺され、当時の新軍部政権の主導で1980年10月に改正された憲法においても、第8章「地方自治」が設けられ、第118条においては、「①地方自治団体は住民の福利に関する事務を処理し、財産を管理し、法令の範囲内で自治に関する規定を制定できる。②地方自治団体の種類は、これを法律で定める。」と規定された。第119条においては、「①地方自治団体には議会を置く。②地方議会の組織・権限・議員の選挙と地方自治団体の長の選任方法、その他、地方自治団体の組織及びその運営に関する事項については、これを法律で定める。」と規定された。ところが、付則第10条において、「この憲法による地方議会は、地方自治団体の財政的自立の度合いを勘案し、順次構成するが、その時期については、これを法律で定める。」と規定された。この規定は言うまでもなく軍事政権の地方自治への警戒を示している。

1　ここでは、大韓民国政府の樹立から軍事政権期までの地方自治について検討する。

第2節　民主化以降の地方自治への期待

1．地方自治への期待の高まり

　民主化以前の韓国における地方公共団体と中央政府にとって住民は統治の対象にすぎず、行政サービスの受け手としての顧客ではなかった。

　しかしながら、1987年の6・29民主化宣言に伴う、1987年10月29日の憲法の全面改正によって、第8章「地方自治」の規定はそのまま残され、地方自治の実施時期の猶予を定めた付則第10条は削除された。また、1988年4月6日の地方自治法の改正により、地方議会の設置が規定され、地方公共団体首長の公選制が復活した。地方が中央政府によるコントロールの下に置かれていた軍事政権時代とは異なり、選挙で勝つことを最も重要視する首長や地方議員が地方の主導権を握ることになった。

表2-1　地方公共団体首長の選任方法と地方議会の設置状況の変化

	地方自治法の規定の変化				軍事政権	憲法改正以降
	1949年	1956年	1958年	1960年	1961年	1987年以降
広域地方公共団体首長	任命制	任命制	任命制	公選制	任命制	公選制
基礎地方公共団体首長	間接選挙	公選制	任命制	公選制	任命制	公選制
地方議会	設置	設置	設置	設置	解散	設置

・筆者作成

　表2-1は、大韓民国政府の誕生から民主化宣言直後までにおける地方公共団体の首長の選任方法と地方議会の設置状況の変化である。

　この表で明らかなように、民主化以前にはめまぐるしく変化する不安定な制度であったが、1987年の民主化と憲法改正に伴う地方自治法の改正以降には、地方公共団体首長の公選制も維持されており、地方議会も設置されており、安

定的な制度である。

　そして、地方自治の復活により、地方自治は「民主主義の学校」であって、地方自治に反対する者は民主主義の敵と見なされる傾向が強まった。

　以下において、地方自治の復活実施について行われた市民の意識調査の結果を検討する。

　表2-2が示すように、地方公共団体の首長は、公選によって選出される

表2-2　地方公共団体の首長はどのような方法で選出されるべきであると思いますか。
(単位：%) N=1,485

		住民による選挙	地方議会による選挙	中央政府による任命	わからない
年齢別	20代	76.8	18.9	1.6	2.2
	30代	75.8	17.1	4.4	2.2
	40代	65.1	22.1	8.8	3.3
	50代以上	62.3	25.5	6.3	5.9
学歴別	中卒以下	69.7	15.8	7.7	6.8
	高卒	73.1	19.6	3.8	2.5
	大卒以上	72.4	23.1	3.3	1.2
平均		72.1	20.0	4.4	3.0

・出処：漢陽大学地方自治研究所の調査データ。尚、調査は、1989年12月に行われた。

表2-3　地方自治が復活した場合、貴方の地域の状況はどうなると思いますか。
(単位：%) N=1,496

	政　治　分　野					
	非常に良くなると思う	良くなると思う	あまり変わらないと思う	悪くなると思う	非常に悪くなると思う
ソウル	6.6	57.2	27.0	7.2	2.0
仁川・京畿	7.3	53.2	33.9	4.1	1.4
江原	5.3	50.7	34.7	9.3	0
大田・忠南北	12.3	52.3	30.2	3.8	1.3
大邱・慶北	7.0	58.1	25.6	7.9	1.4
釜山・慶南	4.7	54.9	33.5	6.0	0.9
済州	14.9	66.7	15.5	2.3	0.6
平均	9.2	57.2	27.4	5.2	1.1

第2節　民主化以降の地方自治への期待　53

	経 済 分 野					
	非常に良く なると思う	良くなると 思う	あまり変わら ないと思う	悪くなると 思う	非常に悪く なると思う
ソウル	10.6	49.0	33.8	6.0	0.7
仁川・京畿	7.4	57.1	30.0	4.6	0.9
江原	7.9	57.9	25.0	7.9	1.3
大田・忠南北	11.7	51.1	29.0	7.4	0.9
大邱・慶北	6.5	58.8	23.6	8.8	2.3
釜山・慶南	7.3	57.9	25.3	8.6	0.9
済州	12.1	64.4	19.9	2.6	1.0
平均	9.5	57.0	26.2	6.1	1.1

	社 会 ・ 文 化 分 野				
	非常に良く なると思う	良くなると 思う	あまり変わら ないと思う	悪くなると 思う	非常に悪く なると思う
ソウル	20.5	56.3	19.9	2.6	0.7
仁川・京畿	15.2	55.8	27.2	1.4	0.5
江原	19.7	43.4	26.3	7.9	2.6
大田・忠南北	20.3	53.9	23.3	2.2	0.4
大邱・慶北	16.2	63.0	13.9	5.1	1.9
釜山・慶南	13.2	60.3	22.6	3.0	0.9
済州	19.7	58.9	20.4	0.3	0.7
平均	17.7	57.2	21.7	2.6	0.9

・出処：漢陽大学地方自治研究所の調査データ。尚、調査は、1990年11月に行われた。

べきであると思う回答者の比率が72.1％であり、地方議会による選挙が望ましいと考える回答者まで含めると、92.1％の回答者が、地方公共団体の首長は中央政府による任命ではなく、地方独自の選択によって選出されるべきであると思っていることがわかる。また、表2－3が示すように、地域の状況については、社会・文化分野（74.9％）、政治分野（66.4％）、経済分野（66.5％）と、6～7割の回答者が、地方自治が復活すると、地域の状況は良くなるであろうと思っている[1]。そして、表2－4からわかるように、90％近くの回答者が中央政府の権限と責任より、地方公共団体のそれを強化すべきであると答えており、回答者の絶対多数が地方自治の充実化や分権化の方向に進むべきである

表2-4　望ましい中央-地方関係について　　　　　　　　　　（単位：％）N=2,600

		中央政府の権限と責任の強化	広域自治団体（市・道）の権限と責任の強化	基礎自治団体（市・郡）の権限と責任の強化	今のままで良い	その他
年齢別	20代	6.8	35.8	52.8	2.4	1.1
	30代	5.6	27.7	60.9	3.8	1.0
	40代	7.3	32.9	54.4	4.1	0.5
	50代	7.5	27.4	59.1	4.3	1.1
	60代	7.3	23.6	58.2	9.1	1.8
地域別	ソウル・仁川	6.2	38.1	50.1	2.9	0.9
	全羅	5.4	26.2	67.1	0.8	0.0
	慶尚	8.2	35.2	50.5	4.3	1.2
	忠清	4.8	24.2	65.7	4.2	0.7
	京畿・江原	8.1	28.3	35.5	4.4	1.8
月所得額別	30万ウォン以下	7.8	30.0	55.3	5.5	1.3
	31－50万ウォン	7.8	29.7	36.2	4.4	0.8
	51－70万ウォン	4.9	31.6	60.8	1.7	0.0
	71－100万ウォン	4.5	43.9	47.7	1.5	0.8
	101万ウォン以上	8.3	37.3	51.2	2.4	0.6
性別	男性	4.9	30.0	61.1	2.5	0.6
	女性	9.5	34.8	48.6	4.6	1.4
	平均	6.8	31.9	55.9	3.4	1.0

・出処：漢陽大学地方自治研究所の調査データ。尚、調査は、1988年2月に行われた。

と考えていると言える。これらの結果は、回答者の居住地域、年齢、学歴、性別、所得に関係なく、民主化直後における地方自治への高い期待を裏付けるデータであると言える。

2．民主化以降における政府間の対立の状況

　韓国においては、地方自治の復活後、中央政府と地方公共団体間において、多くの対立が起こっているが、これは、地方自治の復活以前においては、考えられないことであった。地方公共団体の首長の公選制が始まった1995年7

月から 1996 年 4 月までの 10 ヶ月間、報道された政府間の対立は、58 件である[2]。ここでは、その中の一つの事例を検討する。

「新空港建設促進法」改正案と「国策事業特別法」の制定をめぐる対立である。

中央政府が 1996 年 4 月、新空港建設に関連する地方公共団体の許認可権限を制限する「新空港建設促進法」改正案を立法予告したが、この法律の対象となる地方公共団体が一斉に反発した。これに対して、中央政府は、すべての「国策事業」に関連する地方公共団体の許認可権限を制限する目的で、「国策事業特別法」の制定を示唆した。

中央政府は、「地方公共団体が、地元の利益の観点から国策事業に関連する各種許認可権限を行使し[3]、国策事業推進の障害になっているため、国策事業の推進のために、地方公共団体の権限を一部制限するのはやむを得ない。」と主張した。

これに対し、地方公共団体は、「国策事業であっても、地域の実情との調和が非常に重要であり、地方公共団体の権限は強化されるべきであるのに、逆に、制限を加えるのは、地方自治の本旨に反する。」と主張した。

中央政府は、地方公共団体の反発によって、「新空港建設促進法」と「国策事業特別法」の制定を延期した。このような対立によって、結果的には、新空港の建設や高速鉄道などの建設が遅れた。

3．民主化以降の政府間にまたがる政策形成

民主化に伴う地方自治の復活によって、中央政府と地方公共団体にまたがる政策形成プロセスにおいて、民主化以前とは異なり、地方公共団体が自律性を持つようになったと考えられる。以下、この点を、事例の検討・分析によって、明らかにする。

中央政府と地方公共団体にまたがる政策形成において、地方公共団体の自律性は存在するか、存在するとすればその条件はどのようなものであるか。いくつかの仮説が考えられる。まず、資源である。これは、複数の政府間にまたがる政策形成における地方公共団体の自律性は、その保有する財政的余裕、権限、

情報、リーダーシップなどといった資源によって決定されるというものである。もちろん、政策形成に必要な資源をより多く入手できる組織ほど、政策の実質的内容に大きな影響力を持ちうるという仮説である。

　次に、住民のマンデートである。これは、地方公共団体に対して、住民から一定の指令が発せられた時、地方公共団体の戦略は有効に機能する、という仮説である。地方公共団体は、住民の意思を背景に持つことが強みであり[4]、その正統性、力の源泉は住民にあるはずである。また、住民の意向の明確さ、あるいは有無、そして、地方公共団体のリーダーが住民のマンデートをいかす政治的技量と意思を持っているか。また、その強弱などは住民のマンデートが地方公共団体の戦略の有効性を決定するのかという点において非常に重要な要素であると考えられる。

　そして、制度である。これは、地方公共団体をめぐるある特定の政治制度が存在すれば、地方公共団体にとって、その利益の主張が容易になり、それが地方公共団体の自律性につながるという仮説である。例えば、地方議会は存在するか、地方公共団体の首長は中央政府の任命職なのか公選制なのかである。

　以下の分析においては、韓国における地方自治の復活という制度変化に注目し、民主化以降の中央政府と地方公共団体にまたがる政策形成において、地方公共団体が自律性を持つのか、持つとすればそれは何ゆえであるかを検討する。ここでは、仁州工業団地造成の事例を検討する[5]。

（1）前史

　1985年当時、殆どの皮革関連企業は、工業配置法上公害業種の立地制限区域である漢江周辺に立地していた。漢江は、首都圏地域の主な取水源であり、皮革業の公害業種としての特徴もあって、皮革関連企業が立地して生産活動を行うためには、公害防止設備は欠かせないものであった。しかし、当時の皮革業界には零細な中小企業が多く、個別企業として公害防止設備を揃えることは非常に困難であったと考えられる。そのため、生産活動にも悪影響を及ぼしかねない状況にあった。このような事情から、当時、皮革業界にとって皮革関連

企業の集団化—すなわち、皮革産業専用工業団地の造成は、非常に重要な課題であったと考えられる。このような危機的状況を打開するため、首都圏の皮革関連企業54社は、「皮革工業団地造成推進委員会」[6]を構成し、1986年1月20日、商工部[7]に対して、皮革工場集団化のために皮革産業専用工業団地の造成が必要であるとの請願を行っている。

（2）地方議会の設置まで

「皮革委員会」の請願を受け、商工部は、1987年、忠清南道牙山郡仁州面に30万坪の皮革産業専用工業団地を造成する計画を発表した。しかし、この計画は忠清南道と住民の強い反発にぶつかる。

忠清南道は、住民の反対世論を意識し、皮革産業専用工業団地の造成には反対し、国に対して、誘致業種の多様化と工業団地の規模の拡大を要請した。

住民の意見は、二分していたが、地域経済の活性化のために、たとえ、皮革関連企業を一部受け入れでも工業団地を早期に造成しようという意見を持つ住民と、皮革関連企業の立地を前提とした工業団地の造成には反対する住民が対立していた[8]。

そして、住民の意見も住民側の利害関係や住民側に寄せられる情報によって変化する様相を示した。このような住民の世論の変化に対して、忠清南道と商工部は敏感な反応を示しながら交渉に臨んでいたが、1991年4月に牙山郡議会が設置されるまでは、商工部、地方公共団体、皮革委員会、住民、共に非常に混乱した状況下に置かれていたと考えられる。

一連の動きを時系列的に見ると、次の通りである。

1987年10月15日、「皮革工場集団化について協議する関係部処会議」において忠清南道は、業種の多様化と工業団地の規模の拡大[9]を要望した。

しかしながら、中央政府の各部処間に存在する見解の相違[10]、そして、忠清南道と中央政府との立場の違い等の要因から工業団地の規模については合意がなされていなかった。このような状態は、1989年7月11日、「関係部処次官会議」において工業団地の造成面積を744,000坪にするとの暫定的合意がな

され、一種の秩序が与えられたといえる。結局、1989年11月2日の「第8次産業政策審議会」において1,032,000坪の工業団地の規模が確定した。この背景には、工業団地の規模を拡大すれば、忠清南道や牙山郡も皮革関連企業を受け入れるであろうという商工部の判断があったと考えられる。

こうして、工業団地の全体規模については、決着がついたとしても、皮革関連企業の立地を受け入れるかどうか、受け入れるとすれば、その規模はどの程度にするか、そして、「皮革」という表現を使うかどうかの問題をめぐっては混乱した状態が続いていた。

1989年2月10日に開かれた「関係部処会議」において忠清南道は、「皮革」という名称を使うことを拒否し、同年4月8日の「関係官会議」においては、皮革関連企業の立地問題については、時間的余裕を持って検討したいとしている。忠清南道がこのような反応を示したため、商工部は、これといった対策を打ち立てることができず、混乱が深化したと考えられる。

忠清南道は、「皮革」を明記せず、抽象的で曖昧な表現を使うことによって住民をはじめとする様々な利害関係者に対して多様な解釈の余地を与えたのである。

そして、誘致業種との関係においては、1989年11月2日、「産業政策審議会」において誘致業種が自動車等主要業種に決定し、これは、一つの新しい秩序の形成といえる。しかし、1991年に地方議会が設置されるまでは、「仁州工業団地」をめぐる様々な政策問題、すなわち、第一に、皮革関連企業の立地を受け入れるかどうか、第二に、立地を認めるとすれば、その規模はどの程度にするか、第三に、皮革関連企業のほかに、立地を認める業種はどの業種にするか等については、決着がつかず、混乱した状態が続いていたが、その理由としては、次の三点を指摘することができる。

第一に、住民の意見が分かれていたためである。すなわち、皮革関連企業の立地には反対するという住民の意見と皮革関連企業の立地を認め、工業団地を早期に造成しようとする住民の意見があったためであった。このような状態は、1991年に地方議会が設置されるまで続く。

第二に、中央政府側の事情である。当時、商工部は積極的に「仁州工業団地」

の造成に取り組んでいたが、他の部処、例えば、経済企画院、建設部、農林水産部、内務部、環境処等の関連部処は、それぞれ異なる利害関係を持ち、統一した意見を持っていなかったため、混乱が一層深まるような結果となったといえる。

　第三に、誘致業種の選定との関連である。例えば、「皮革関連企業」の明記を主張する「皮革委員会」や商工部に対し、住民の反対を意識し、「皮革関連企業」の明記を避けようとする忠清南道と牙山郡等地方公共団体との解釈の相違もあった。

（3）地方議会の設置と決着

　1991年4月に基礎地方公共団体議会が設置され、同年、7月に広域地方公共団体議会が設置された。これによって、混乱が繰り返されていた「仁州工業団地」造成問題に一つの突破口が見つかる。そこで最も重要な役割を果たしたのは、牙山郡議会であった。牙山郡議会は、住民の代表であるという強みをいかし、住民の代表の役割を超えて仲裁者、調整者の役割を果たした[11]。

　牙山郡議会議員たちは、1991年4月26日に開かれた住民代表者会議に出席し、議会の立場を説明した。この頃から牙山郡議会は積極的な動きを見せはじめるが、1991年末までは、主に、住民の意見を聞き、住民の意思を代弁する活動を行った。例えば、1991年6月4日の大田KBSのテレビ討論、7月27日の皮革工業団地反対要望書の採択、8月2日の商工部訪問等であった。

　1991年末頃から住民の意見は、皮革関連企業の立地を認めて、工業団地を早期に造成しようという意見が大勢を占めるようになった。1992年2月25日に、牙山郡議会に対して、仁州工業団地の早期造成を要望する請願が行われ、これを受けて牙山郡議会は、2月27日に、仁州工業団地関連請願特別委員会を設置し、より活発な活動を展開したが、1992年3月5日に開かれた住民との懇談会において、皮革関連企業の受け入れに反対する住民と賛成する住民とに分かれていた住民の意見を一つにまとめることに成功した。すなわち、皮革関連企業の立地を認め、早期に他の業種も含めた工業団地を造成する方向に住

民の意見をまとめたのである。そして、3月6日と4月1日には忠清南道庁を、3月9日には商工部をそれぞれ訪れた。これらのような活動を通じて、商工部や忠清南道、牙山郡、地元住民の対立の調整役としての役割を果たしたのである。牙山郡議会がそのような役割を果たすことができた背景には、実に30年ぶりに住民自らの手によって選ばれたため、住民から強い信頼を得ていたためであると考えられ、忠清南道議会議員とは異なり、仁州面出身の議員もいて、地元住民の利益や意見が反映されやすかったと言える。これによって、政策の焦点は皮革関連企業の立地反対から皮革関連企業の立地規模縮小に変更されたといえる。

（4）参加者

1）地方公共団体[12]

本ケースを巡って展開されたゲームにおいて、地方公共団体はこれと言った役割を果たしていない。その理由としては、いくつかの点を指摘することができる。順次検討する。

最も大きな理由として指摘できるのは、韓国においては、地方公共団体は、資本を誘致する積極的必要性を感じず、そのような能力も制約されている。その主な理由は地方政治における企業権力が非常に弱いためである。企業権力が弱いため、地方公共団体は、企業の要求に符合する政策決定を行う強い必要性を感じない。企業権力が弱い主な理由としては、次の三点を指摘することができる。

第一に、韓国においては、資本の移動性は制約されている。韓国においては、ある企業が他の地方公共団体に移転しようとする際、移転費用のほかに、土地や建物の売却に伴う譲渡所得税や特別付加税を納めなければならない。そして、首都圏に移転しようとする際には、特に制約が大きく、首都圏への人口や産業の集中を防ぐために制定された首都圏整備計画法によって大きく制約される。一方、大都市から地方への移転も困難である。大都市から地方に移転しようとする企業は、譲渡所得税や特別付加税が免除される等税制上の優遇措置がある。

しかし、大都市から地方への移転は、企業にとって、人材、資金調達、販売市場の確保等の側面から大きなコストを発生させる。

　第二に、財政制度上の特徴から韓国の地方公共団体は、ほかの地方公共団体と資本誘致競争を繰り広げる積極的必要性はあまり感じないと言える。表2－6（本書 80 頁）からわかるように、法人税が国税となっているため、資本を誘致しても地方公共団体の税収になる部分は少ない。そして、現在の地方交付税制度下においては、企業の誘致によって、追加的に徴収された地方税の 32％しか地方公共団体の歳入にならない[13]ためである。

　第三に、資本を誘致する能力の欠如である。資本を誘致するためには、ほかの地方公共団体とは異なる行財政的メリット－例えば、地方税の免除、資金援助、安い土地の提供など－を提供することができなければならないが、韓国の地方公共団体はそのような経済力を持っていない。

　次に、地方公共団体の首長と地方公共団体の官僚に分けて考える。

　まず、地方公共団体の首長－忠清南道知事と牙山郡守－である。

　当時、韓国の地方公共団体の首長は中央政府による任命職であったため、中央政府の指示通りに動くしか選択の余地がなかった。そして、在任期間も非常に短かった。例えば、ここでの分析の対象となる 1986 年から 1993 年まで 7 人の知事が交替し、平均在任機関は、約 1 年である。最も長く在任したのは、安知事で 2 年 9 ヶ月間在任し、最も短く在任したのは、洪知事で 6 ヶ月間在任している。そのため、一貫した方向性を持って政策形成のプロセスに参加することができなかったと考えられる。

　そして、当時の忠清南道の沈知事は、1988 年 5 月から 1990 年 12 月まで忠清南道知事を務めており、牙山市の姜市長は、1991 年から 1992 年まで忠清南道農漁村開発局長、1992 年から牙山郡守を務めている。当時、両氏とも任命職の首長であり、1995 年に予定されていた地方公共団体首長選挙への出馬準備をしていたため、中央政府の意見と地元住民の意見を同時に考慮しなければならない非常に微妙で困難な立場に置かれていたと考えられる。

　次に、地方公共団体の官僚である。官僚は、首長が一定の方向性を示してくれない限り、政策形成のプロセスにおいて一定の役割を果たすのは非常に困難

であると言える。

そして、地方公共団体の官僚制は、ゼネラリスト組織である。そのため、本ケースのようにかなりの専門知識を必要とする政策領域においては、政策プロセスにおいて大きな役割を果たすには本質的な限界があったと考えられ、幹部公務員の在任機関が短い点も一つの理由として指摘できる。

2）地方議会[14]

忠清南道議会は積極的な動きを見せていない[15]。それは、忠清南道議会において牙山郡出身の議員が3人しかいなく[16]、工業団地建設予定地の仁州面出身議員は一人もいなかった。そのため、地元牙山郡の利益を反映させるには限界があったと考えられる。

忠清南道議会に対して牙山郡住民からのマンデートの投入がなかったことも忠清南道議会が本ケースにおいて中心的役割を果たすことができなかった理由として指摘することができる。

しかしながら、地元の牙山郡議会[17]は、非常に重要な役割を果たしている。それは、住民、忠清南道、商工部をつなぐ架け橋としての役割を果たしており、住民の代表としてだけではなく、住民の意見の統一を図り、調整者としての役割を果たしているためである。

牙山郡議会は、最初は、住民の反対世論に同調する立場から1991年7月27日、「皮革関連企業誘致反対宣言」を行っており、7月30日には、これを商工部に提出した。しかしながら、1991年末頃から住民の反対世論が弱まりはじめ、1992年2月25日、仁州面住民34人が牙山郡議会に対して、「仁州工業団地の早期造成」を要望し、これを受けて、2月27日、牙山郡議会は「請願特別委員会」を構成した。そして、3月5日に牙山郡議会議員と地元住民との懇談会を経て、住民の意見を一つにまとめ、本ケースにおける最大の難関を突破したのである。

（5）政策変化

1）工業団地規模の拡大

「皮革委員会」は、1986年、忠清南道牙山湾を候補地にし[18]、30万坪の皮革産業専用工業団地の造成を商工部に請願した。これを受けて、商工部は、1987年から30万坪の皮革産業専用工業団地の造成に積極的に取り組むことになる。

このような商工部の動きに対し、忠清南道は、当初、皮革産業専用工業団地だけの造成には反対する立場を取っていた。しかし、1987年10月15日の「関係部処会議」において、工業団地への立地業種の多様化と工業団地の規模の拡大を要請し、その代わり、工業団地への皮革関連企業の受け入れもあり得るとしている。

1987年12月2日、「皮革加工工場集団化関係官会議」において、忠清南道は、工業団地の規模を100万坪に拡大した場合、皮革関連企業を受け入れることも可能であることを示唆した。そして、同年12月12日、「関係部処会議」において、忠清南道は、改めて100万坪案を主張したが、経済企画院と建設部は30万坪に縮小すべきであると主張した。しかし、商工部としては、皮革関連企業を「仁州工業団地」内に立地させるためには、忠清南道の案を受け入れることが得策であるとの判断もあり、1987年12月、商工部は、牙山郡仁州面に皮革産業専用工業団地30万坪を含め、103万坪の工業団地を造成する計画案を発表した。これによって、当初の30万坪の皮革産業専用工業団地の造成問題は、その焦点が100万坪の工業団地の造成、そして、皮革関連企業を受け入れるかどうか、受け入れるとすればその規模はどの程度にするかの問題に変化したのである。

2）皮革産業専用工業団地の規模縮小

1987年7月17日、「皮革委員会」は、商工部に「皮革産業専用工業団地造成事業計画書」を提出した。これにおいて、「皮革委員会」は、皮革産業専用

工業団地の候補地として忠清南道牙山湾周辺の 30 万坪を挙げている。しかし、忠清南道や牙山郡及び地元住民の反発にぶつかり、国側の一つの譲歩策として、1989 年 11 月 2 日の「産業政策審議会」において工業団地の規模を 1,032,000 坪にすることが決定した。しかし、皮革関連企業の立地問題をめぐって住民の反発が続いた。そのため、忠清南道は、1991 年 12 月 14 日、商工部で開かれた「仁州工業団地造成関連対策会議」において、皮革産業専用工業団地の規模を 30 万坪から 20 万坪に縮小してほしいと国側に要請した。この場において商工部は、その規模縮小の用意があることを示唆した。忠清南道がこのような要請をすることができたのは、1991 年末頃から住民の世論が変化したからである。すなわち、皮革関連企業の立地に対する反対から皮革産業専用工業団地の規模を縮小し、工業団地を早期に造成することが得策であるという方向に変わったのである[19]。しかし、住民の意見が完全に一致していたわけではなかったが、住民の意見の統一に決定的役割を果たしたのは、地元の牙山郡議会である。牙山郡議会の果たした役割によって、皮革工業団地の規模を縮小し、工業団地の早期造成という方向に住民の意見が統一し、政策の争点が皮革工業団地の規模をどの程度にするかに変化した。

　1992 年 4 月 3 日、大統領府[20]で開かれた会議において、青瓦台の朴産業秘書官は、忠清南道に対しては、皮革関連企業の立地を受け入れることができる最大面積を調査するように指示したが、それに際して住民の意見を最優先するように指示している。そして、商工部に対しては、皮革関連企業が必要とする最小面積を調べるよう指示した。

　1992 年 4 月 17 日、青瓦台で開かれた「公害業種移転集団化計画会議」において、忠清南道は、皮革関連企業の立地面積として 10 万坪案を主張した。これに対して、商工部は 10 万坪では狭すぎると主張し、結局、朴産業秘書官は、一つの調整案として、商工部に対しては、皮革関連企業の希望を聞くなど、実態調査を行うよう指示し、忠清南道に対しては、住民の意見を充分考慮した上で、商工部と忠清南道が調整にあたるよう指示した。これは、一つの調整案であったが、これをきっかけにして、商工部と忠清南道は積極的に皮革関連企業の立地面積の調整に臨むことになる。その意味で青瓦台は非常に重要な役割を

果たしたといえる。
　青瓦台の指示を受け、商工部は、同年6月10日、皮革関連企業の立地需要調査を行い、皮革産業専用工業団地18万坪案を提示した。しかし、1992年6月22日の総務処の世論調査で忠清南道議会の洪議員と金議員は15万坪以上は難しいと主張し、国務総理との会談において、商工部次官が15万坪と約束しているので、その約束を守るよう求めた。
　1992年6月、牙山郡は、皮革産業関連企業の立地を15万坪にする方向で住民の意見をまとめていることを主張した[21]。商工部もこのような忠清南道の主張を受け入れた。そこで、1992年11月4日、忠清南道知事は、商工部に対して、「仁州地方工業団地」指定の承認を申請し、1993年6月3日、商工部長官により「仁州地方工業団地」指定が承認された。これを受けて、忠清南道知事は、「仁州地方工業団地」指定の告示を行った。
　この時期に、皮革産業専用工業団地の規模が住民のマンデートを背景に持つ忠清南道の思惑通り縮小された背景には、青瓦台における一連の動きがあった。1992年4月3日、10日、17日に開かれた「公害関連企業移転集団化計画会議」は、皮革産業専用工業団地の規模縮小への一つの指針としての役割を果たしたといえる。その背景の一つには、同年12月に予定されていた大統領選挙があると考えられる。

3）立地業種の選定

　前述のように、1987年7月17日、「皮革委員会」は、30万坪の皮革産業専用工業団地造成の必要性を主張している。
　これに対して、同年10月6日と10月15日に開かれた「皮革工場集団化について協議する関係部処会議」において、忠清南道は、公害被害と住民の世論を意識し、立地業種の多様化と工業団地の規模の拡大を要請している。この要請を商工部が無視できなかったのは、住民の世論を意識したためであるといえる。
　1988年2月10日、忠清南道は、「皮革産業専用工業団地」という表現は使えず、「牙山工業団地」にすべきであるとしている。そして、100万坪の工

業団地の造成が約束されれば、皮革関連企業の受け入れもあり得るという立場を表明している。

1988年3月21日、忠清南道は、商工部に「牙山工業団地造成計画書」を提出し、これにおいては、誘致業種が機械産業、先端産業、自動車部品となっており、同年10月に提出した補完資料によると、機械、電子、自動車部品等の90—100業種となっている。

1989年4月8日に開かれた「牙山仁州工業団地の造成を協議するための工業配置小委員会」において、商工部は、二つの案を提示している。第一に、皮革関連企業の立地が保障されれば、立地業種を多様化して工業団地を造成する。第二に、忠清南道と牙山郡が、皮革関連企業の立地に反対しつづける場合は、工業団地造成予定地を首都圏の京畿道に位置するアサン産業基地に変更するとしている。

しかし、首都圏地域においても反発が予想されたこと、そして、工業団地の造成予定地の変更は、「経済長官会議[22]」において決定される案件であったが、当時は、首都圏におけるニュータウン計画が非常に大きな懸案問題となっていたため、「仁州工業団地」造成予定地の変更問題は、「経済長官会議」に上程すらできなかった。そのため、商工部としてもこれといった対策はなかったといえる。

忠清南道、商工部ともにこれといった解決策を打ち出すことができなかったため、再び妥協を模索する雰囲気が強まった。

1989年10月、忠清南道は、「仁州工業団地造成計画書」を商工部に提出し、これにおいて、牙山郡仁州面を工業誘致地域に指定する場合、誘致業種を「自動車等主要業種」にするよう要請している。そして、実際、工業団地が造成された場合には、皮革産業専用工業団地[23]も受け入れることを示唆した。

1989年11月2日の「産業政策審議会」においては「自動車等主要業種」になっている。このように、忠清南道が「皮革」の明記を避けようとした理由としては、「皮革」と明記した場合、住民の反発が強まる恐れがあったためである。しかし、1991年末頃から住民の世論が変化していたため、「皮革」を明記する動きが表れる。例えば、1992年4月29日、「仁州工業団地関連会議」においては、「自

動車等主要業種（皮革）」となっている。「皮革」が明記されたのは、これが初めてである。

そして、1992年11月4日、忠清南道が商工部に「仁州地方工業団地指定申請書」を提出しているが、ここにおいては、誘致業種が「運送装備、金属加工、機械、皮革」と明記されている。

4．地方公共団体の自律性

韓国における従来の議論では、地方公共団体は財政的余裕がなく[24]、権限も持たず、情報も持たないため自律性を発揮できないという議論が一般的であった。すなわち、資源を独占する中央政府だけが影響力を持つという見方が一般的である。果たしてそうであろうか。

ここで分析対象となった、政策形成のプロセスにおける参加者である忠清南道と牙山郡は、財政力指数が当時、それぞれ0.4、0.3と低い水準であるため、財政的に中央政府に依存せざるを得ない。さらに、牙山郡のような、地方公共団体は、政府間の交渉において影響力を持つほどの公式的権限を持っていない。

次に情報であるが、本ケースのように一般的に高度の技術と専門的知識を必要とする政策領域においては、情報の流れを統制できるかどうかということは、政策形成における組織の影響力を判断する上で非常に重要な意味があると考えられる。

そこで、ここでは、組織の情報収集・利用の制度化に注目する。それは、情報収集・利用の制度化によって、情報の収集・利用・統制ができる主体に社会的力関係の上で優越的地位が与えられるようになる[25]ためであるが、情報の面で、当時の中央政府は、情報の結節点[26]に位置していたと考えられる。

このように、当時の中央政府は、資源をほぼ独占していたといえる。そのため、本ケースにおいて、牙山郡や忠清南道は、中央政府からの自律性を確保できるほどの資源を持っていなかったといえる。

本ケースにおいては、資源をほぼ独占する中央政府の影響力は非常に弱いものであった。逆に資源を保持していない牙山郡が影響力を持つことができた。

すなわち、資源の保持が自律性につながっていないとすれば、それはなぜであるか。この点について、住民のマンデートに注目する。
　政府間にまたがる政策形成における中央政府との交渉において住民のマンデートは、資源を持たない地方公共団体が自律性を持つ条件であるといえるのか。
　本ケースにおいては、政府間の交渉において地方公共団体の自律性の存在する条件として住民のマンデートは、非常に重要な意味を持つといえる。牙山郡、忠清南道と中央政府は、住民のマンデートを最優先に考慮した。住民のマンデートは、変化を繰り返し、それ自体が混乱した様相を示したものの、いくつかの点においては、非常に明確な形で発せられたため、地方公共団体と中央政府の裁量の幅は狭まったと考えられる。
　一方、政党や利益集団は、地方公共団体の戦略を規定するほどの自律性を持っていなかった。政党については、政党の地方化、地方の政党化が行われていなかったためであり、利益集団の「皮革委員会」については、「皮革委員会」の主張に正統性を与えるような支持アクターがあまり存在しなかったためである。「皮革委員会」と商工部はある程度利害関係の一致する部分があった。しかし、商工部は「皮革委員会」の支持アクターにはならなかった。商工部も住民のマンデートを無視することはできなかったためである。
　このように、本ケースにおいて住民のマンデートは、地方公共団体の戦略を規定する上で非常に重要な意味を持つと考えられる。しかし、住民のマンデートの存在が、そのまま地方公共団体の自律性につながるわけではない。なぜなら、軍事政権や権威主義時代にも住民のマンデート自体は存在したはずであるためである。
　また、地方議会の設置と地方公共団体首長の公選制は、地方公共団体の自律性の有無やその条件という文脈においていかなる意味を持つのか。この点を検討するため、ここでは、地方自治の復活の文脈における制度と様々な利益、イデオロギーとの相互作用に注目する。
　まず、制度と利益との相互作用であるが、韓国においては、軍事政権によって地方自治が中断されてからも地方自治の実施を求める根強い声があったが、

地方自治は実現しなかった。しかし、民主化に伴なう地方自治の復活によって、議員や首長らの利益追求構図が変化し、彼、彼女等が顔を向けるべき方向も変わったといえる。すなわち、任命職時代には、中央政府に顔が向けられ、中央政府によって利益を左右されていたが、公選制になってからは、住民が彼、彼女等の利益を左右する最も重要なアクターになった。地方議会議員や首長は、従来の中央政府の付属物という存在から地方の利益を積極的に主張できるアクターになった。

そして、住民が利益主張やロビーを行う主な対象が、従来は官僚であったが、地方自治の復活をきっかけに議員や首長もロビーの対象として大きな意味を持つようになった。

次に、住民は統治の対象ではなく、地方自治の主役になったのである。すなわち、非常に古典的テーゼではあるが、地方自治は民主主義の学校であって、地方自治に反対する者は民主主義の敵と見なされる雰囲気が強まった。本ケースにおいて、アクターにとって「地方自治は民主主義の学校」である。そのため、「住民の意思を最優先しなければならない。」というものである。

ここでの分析において、地方公共団体の自律性の有無やその条件を議論する上で最も重要な意味を持つのは、この制度仮説である。要するに、地方自治の復活という制度変化により、地方公共団体の主張は、それが住民のためであり、住民の支持を背景にしている点で強い正統性を確保することができたのである。

しかしながら、地方自治の復活は、韓国の地方公共団体にとって、必ずしも望ましいとは言い切れない部分がある。住民のマンデートや社会経済的制約が地方自治の復活によって非常に強くなったのは否定できないためである。場合によっては、住民のマンデートや社会経済的制約が対中央政府交渉において、地方公共団体の自律性を確保するための手段になりうる反面、逆に地方公共団体としては、そのような制約が強すぎ、身動きがとれなくなる事態も生じうるのである。この点に関連して、1996年に、地方公共団体の首長を対象にして行われたアンケートの結果は興味深い。「この1年間首長として仕事をする上で最も困難な点は何であったか。」という質問に対して、回答者の51.3％が「地

域エゴ」と答えており、地方自治の復活以降、「地域エゴ」の傾向がより強くなったと答えた回答者は 89.4% であった。

5．民主化以降における地方自治の意義

　従来の韓国における地方公共団体や中央政府にとって住民は、統治の対象であったが、行政サービスの受け手としての顧客ではなかった。すなわち、「民を牧する」地方公共団体であって、顧客のために奉仕する公僕ではなかった。そして、学界においても、韓国における、上下関係を重視する儒教文化、中央集権的な政党の構造、自治意識の欠如や地方自治を実施するための訓練不足などの観点から、ごく少数ではあったが、地方自治無用論ないし時期尚早論もあった。

　しかしながら、1987 年の 6・29 民主化宣言、1987 年 10 月 29 日の憲法（全文）改正、1988 年 4 月 6 日の地方自治法の（全文）改正により、地方自治の復活が規定され、住民は従来の統治の対象ではなく、地方自治の主役になったのである。すなわち、非常に古典的テーゼではあるが、地方自治は民主主義の学校[27]であって、地方自治に反対する者は民主主義の敵と見なされる風潮があった。このような風潮を象徴するものとして、当時の代表的な新聞の記事を紹介する。韓国の有力紙「中央日報」の「地方自治時代の幕開け」というシリーズの記事がある。例えば、「1995 年 6 月 27 日[28]、この日は、我が国の民主化の過程において大きな里程標を立てる日である[29]。」、「行政もサービス業：質で競争する：行政も品質時代：住民は顧客、王様である[30]。」、「市政への住民参加[31]」、「行動する公僕[32]」などである。

　これは、前述の仁州地方工業団地の事例においても表れている。つまり、「地方自治は民主主義の学校である。」というものである。

　例えば、1991 年 5 月 11 日、内務部長官への地域動向報告において、忠清南道は、「政府の政策上、首都圏の皮革関連企業を移転させ、集団化することが必要不可欠な産業政策であるとしても、住民の意見を無視したまま工業団地の造成を行うのは、必ずしも得策ではなく、住民に対して充分な説明を行い、

理解を得てからでなければならない。」としている。

　そして、1991年7月5日、「仁州皮革産業専用工業団地造成に関する公開討論会」が開かれているが、この会議に地元の住民も参加し、意見を開陳している。このような住民参加の仕組みも、1987年の民主化宣言以前の韓国の政策形成プロセスにおいては、見られなかったものである。また、牙山郡議会が重要な役割を果たすことができたのも、「議会」は住民の手で選ばれた「住民の代表」であるという規範が非常に強く働いたためであると考えられる。

　第一に、地方自治は守られなければならず、そのためには、住民の意見を最優先に考慮しなければならないという規範である。商工部や忠清南道は、「皮革委員会」の立場よりは、住民の意見を重視しており、忠清南道は住民のマンデートの変化を意識しながら商工部や「皮革委員会」との交渉に臨んでいる。

　そして、牙山郡議会が住民の意見を一つにまとめ、地方公共団体と中央政府をつなぐ役割を果たすことができたのも、実に35年ぶりに復活した地方自治は、尊重され、守られるべきであるという規範が存在したためである。住民も地方議会に対して調整者としての役割を期待し、そのマンデートを地方議会に託したこともそのような規範が存在したためである。

　第二に、地元の住民に公害被害をもたらしてはならないという規範である。「皮革委員会」が商工部との交渉、忠清南道や地元住民との交渉において最も重視したのは、皮革関連企業が立地しても徹底した公害防止設備を揃え、公害被害は発生させないようにするという点であり、それは可能であると主張した。

　また、忠清南道が「皮革」という名称の使用に反対し、曖昧で抽象的な表現を使い、皮革産業専用工業団地だけの造成に反対したのは、住民に公害被害をもたらしてはいけないという規範があったためであると考えられる。

　商工部は、皮革関連企業を首都圏から移転させ、集団化するのは、公害被害を防ぐためである[33]と主張した。さらに、商工部は牙山郡に皮革産業専用工業団地が造成された場合、徹底した公害防止設備を揃え、住民に公害被害をもたらさないようにすることを強調している。

1 「非常に良くなると思う。」を含む。
2 中央政府と地方政府との対立は31件、地方政府同士の対立は、27件である。韓国地方行政研究院、1996年。このような政府間の対立は、地方自治の復活以前は、存在しなかったか存在していたとしてもそれが対立とはいえない程度のもので、報道さえされていなかった。
3 例えば、空港と都心を結ぶ高速道路を建設するためには、土地の形質を道路用に変更する必要があるが、その許可権限等。
4 秋月、1988年：Reed, Steven R., 1986：飯尾、1995年。尚、前述の資源仮説については、秋月、前掲論文。
5 ここでの、ケースの時系列的な流れと事実関係の記述については、第二次資料として、朴鏞淑、1996年。による。
6 以下、「皮革委員会」とする。
7 韓国では、日本の中央省庁に当たる行政機関を部処と言う。その長は、「長官」と言い、日本の大臣に当たる。韓国には「大臣」という役職名は存在しない。
8 例えば、1989年7月9日、仁州面（「面」は、行政区域の一つで、郡の下に置かれている。）住民374人が商工部等7つの部処に、「皮革関連企業も含む工業団地」を造成するよう陳情を行っている。1989年9月3日、他の仁州面住民1,056人は大統領府等に、「皮革関連企業の立地に反対」する旨の陳情を行っている。そして、この二つの意見を考慮して、1991年7月3日、仁州面開発委員長ほか1,125人が大統領府と商工部に陳情を行っているが、それは、「皮革関連企業の立地反対、工業団地早期造成」の要望であった。しかし、どちらかといえば、反対世論のほうがより強かったといえる。
9 100万坪程度。
10 仁州工業団地の規模に関する各部処と忠清南道の意見は、次の表の通りである。

区分	30万坪	100万坪
経済企画院	○	×
農林水産部	○	○
内務部	×	○
環境処	△	△
商工部	○	○
建設部	○	×
忠清南道	×	○

・○：支持、△：中立、×：反対
・朴鏞淑、1996年、191頁参照。

11 Stoker, Gerry, 1988.
12 韓国においては、地方公共団体の連合体として、全国市道知事協議会（Governor's Association of Korea）と全国市長郡守区長協議会（National Association of Mayor）

がある。前者は、1999年1月に発足し、全国の市道知事16人で構成されている。後者は、1996年12月に発足した。両団体とも中央政府に対して影響力を持つ一つの政治勢力には成長していない。メンバー同士の連携も日本の地方六団体ほど強くない。
13　柳在源、1997年。
14　韓国においては、地方議会議長の連合体として、全国市道議会議長協議会と全国市郡自治区議会議長協議会がある。前者は、1991年8月に、後者は、1991年11月にそれぞれ発足しているが、全国市道知事協議会や全国市長協議会守区長協議会同様、中央政府に対して影響力を持つ一つの政治勢力には成長していない。
15　本ケースをめぐって忠清南道議会は次のような活動を行っている。
　　1991年10月28日から29日にかけて、忠清南道議会議員と牙山郡議員らは、商工部を訪ねており、10月29日は、忠清南道議会視察団が「仁州工業団地」造成予定地を訪れている。同年11月15日の忠清南道議会においては、李議員が「仁州工業団地」造成計画について質疑を行っている。1992年6月22日の総務処によるアンケート調査で、忠清南道議会の金議員が「仁州工業団地」造成計画について意見を述べており、1993年5月26日には、忠清南道議会の全議員（牙山郡出身）が大田KBS（韓国放送公社）の「仁州工業団地」造成計画に関する討論番組に出演して意見を述べている。
16　当時の忠清南道議会の議員定数は55人である。
17　当時の牙山郡議会の議員定数は11人である。
18　「皮革委員会」が牙山郡仁州面を皮革産業専用工業団地予定候補地に選んだ理由は、次の通りである。
　　第一に、牙山郡の近くには、牙山湖があり、工業用水の確保が容易である。
　　第二に、首都圏から移動するのに適当な距離である。
　　第三に、皮革製品の消費者は主に、首都圏に居住するため、物流の面においても距離的に適当である。
　　第四に、牙山郡の近くには、道路網の整備が進んでおり、いくつかの中小都市が立地しているため、労働力の確保が容易である。
　　第五に、皮革産業専用工業団地の造成候補地の使途が雑用地となっているため、国土の効率的利用という観点からも利点がある。という点である。
19　この背景には、1980年代初め頃、「牙山製鉄」の牙山郡への立地が確定していたが、それが、光陽湾に変更された前例があったため、その二の舞を演じるわけにはいかないという住民の判断もあったと考えられる。
20　以下、青瓦台とする。
21　牙山郡、1992年。
22　「経済関係閣僚会議（筆者注）」。定例の会議ではなく、必要に応じて青瓦台で開かれる。大統領が主宰し、国務総理、財政経済部長官、産業資源部長官、外交通商部長官、行政自治部長官、保健福祉部長官などが出席する。
23　「30万坪以内で」
24　韓国の地方公共団体の財政状況であるが、ここでは、自主財源に占める人件費の比

率に注目する。
　　1993 年現在、基礎公共団体として、市 68 団体、郡 136 団体、自治区 56 団体がある。市の中の 2 団体、郡の中の 68 団体が、自主財源だけでは人件費さえ賄えないほど厳しい財政状況（自主財源に占める人件費の比率が 100 以上）にあるといえる。牙山郡も自主財源に占める人件費の比率が 67.7％であり、財政的に非常に厳しい状況にあるといえる。

25　伊藤大一、1989 年。
26　Hood, Christopher C., 1983.
27　イギリスの政治家 James　Bryce（1838 ～ 1922）の残した言葉。
28　第一回統一地方選挙の投票日。
29　1994 年 9 月 22 日付。
30　1994 年 10 月 3 日付。
31　1994 年 10 月 13 日付。
32　1994 年 11 月 20 日付。
33　例えば、「皮革関連企業は零細な中小企業が多いため、集団化しない限り、個別的に公害防止設備を揃えるのは難しい。」としている。

第3節　総論としての地方自治・地方分権改革

　民主化以降の韓国においては、前述のような、地方自治への期待の高まりを受け、地方自治の活性化と抜本的な地方分権の推進を求める様々な動きが表れている。
　2001年3月、全国の約500の市民団体の代表と約200人の学識経験者が署名した「地方自治憲章」が発表された。これは「地方自治の意味と地方分権が民主主義の原則であることを再確認するためのもの」である。その主な内容は、中央集権からの脱却、中央政府と地方政府との適切な役割分担とそれに伴う地方政府への支援、住民参加の保障などである。同年10月には、「地方分権と自治のための全国市民運動」が発足した。これは、地方自治の復活から10年が経った時点に発足しているが、地方自治復活からの10年間を振り返り、地方自治の直面している様々な課題の解決策として住民参加の保障と住民投票制度の導入を求めている。また、2002年9月に、全国の知識人、市民団体の代表らは「地方分権の促進のための宣言」を採択し、地方公共団体の行財政的自律性向上策の導入、政策立案の段階から地方公共団体を参加させることなどを政府に求めた。そして、2002年10月、全国市長郡守区長協議会は「地方自治の発展のための宣言」を採択し、同年11月、全国市道議会議長協議会と全国市郡自治区議会議長協議会の主催による「地方自治権確保のための決起大会」が開かれた。
　世論も引き続き地方自治の拡充を期待していた。2002年3月に、毎日経済新聞が全国の成人男女1,200人を対象に実施した「地方自治に関する世論調査」の結果によると、回答者の69.5％が更なる権限移譲が必要であると回答している。また、2008年10月21日、釜山分権革新運動本部が全国の19歳以上の男女700人を対象に実施した「地方政治の自律性の確保と自治分権のための国民世論調査」の結果によると、「憲法前文に『地方分権国家』を明記すべき」

との主張に「共感する。」が 58.1% であった。

　このようなデータからも明らかなように、地方自治復活直後だけではなく、地方自治復活から 10 年以上経過した時点においても、市民団体や地方公共団体などはもちろんのこと、世論の動向も更なる地方分権改革の推進を求めていた。こうした運動や世論を背景として、民主化以降の韓国においては、地方分権改革は歴代の大統領によって国政課題の一つとして位置づけられることとなった。

　同様に、政党にとっても、総論としての地方分権は重要な公約の一つである。例えば、第 17 代国会議員総選挙に際して、各政党は地方分権に関する次のような公約を発表した[1]。

　ハンナラ党は、「地方公共団体の裁量の強化、地方自治への住民参加の拡大」などを掲げている。新一千年民主党は、「自治警察制度、教育自治制度の導入を積極的に推進する、中央政府の統制を減らし、地方の自律性を向上させる。」などを挙げている。また、開かれたウリ党は、「権限移譲、地方公共団体の首長に対するリコール制度の導入、地方議会の専門性の強化、地方の自律性の強化」などを掲げている。

　このように、総論としての地方自治の拡充、地方分権改革の推進については、幅広い層の支持があったのである。

1　各政党の『第 17 代総選挙公約資料集』。

第4節　韓国の地方自治制度

1．韓国の地方公共団体

図 2-1　韓国の地方公共団体　　　　　　　　　　　（2010 年 6 月現在）

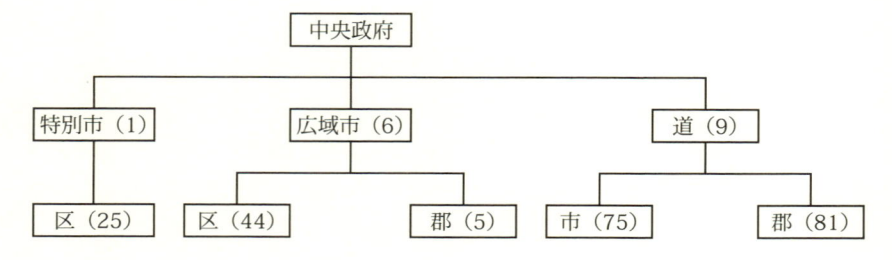

```
                    中央政府
        ┌──────────┼──────────┐
      特別市(1)    広域市(6)      道(9)
        │      ┌─────┴─────┐   ┌────┴────┐
      区(25)  区(44)      郡(5) 市(75)   郡(81)
```

・特別市：ソウル
・広域市：釜山、仁川、大田、光州、蔚山、大邱
・特別市、広域市、道は広域地方公共団体
・区市郡は基礎地方公共団体
・(　)内は数
・筆者作成

　韓国の地方公共団体の概要を示したのが図 2 − 1 である。日本のように、二層制の地方自治制度を持っており、ソウル特別市の 25 区と六つの広域市の区はすべて自治区である。なお、韓国には日本のような中核市、特例市などの制度は存在しない。

2．韓国の地方自治制度の特徴

　韓国の地方自治制度の特徴としては、まず、地方公共団体の活動量が非常に少ないという点を指摘できる。

表2-5　中央・地方の事務配分　　　　　　　　　　　　　　（単位：件、%）

	事務総数	国の事務	地方公共団体の固有事務	機関委任事務
1994年	15,774	11,744	2,110	1,920
	100%	74.4%	13.4%	12.2%
2001年	41,603	30,240	10,052	1,311
	100%	72.7%	24.2%	3.1%
2009年	42,016	30,025	10,928	1,063
	100%	71.5%	26.0%	2.5%

・出処：1994年と2001年については、行政安全部内部資料、2009年については、行政安全部プレスリリース（2010年12月15日付）を参考に筆者が作成。

　すなわち、表2-5のように、国と地方間の事務配分においては、国が直接行う事務や国が出先機関[1]等を設置して行う国の事務など、国の事務は全体の7割以上を占めている。
　そして、表2-6は国税と地方税の税目であるが、地方税は資産課税が中心で、国税は所得課税が中心となっている。また、表2-7のように、2003年度から2010年度までの地方税と国税の割合を見ると、地方税の割合は税収総額の約2割程度である。そして、2003年度の地方税の割合は22.4%であるが、2010年度には21.8%であり、僅かながら、減少している。
　次に、地方公共団体の財政力指数を見ると、表2-8のようである。
　表2-8は、2003年度から2010年度までの地方公共団体の財政力指数である。2010年度の場合、特別市、広域市においては、平均0.68であるが、基礎地方公共団体である郡においては平均0.18であり、規模が小さくなるほど財政的に厳しい状況に置かれている地方公共団体が多い。韓国の246の地方公共団体の中、財政力指数0.5未満は全体の87.6%に当たる215団体である。0.3にも達しない地方公共団体は全体の54.4%に当たる134団体である。特に、全体の20.4%に当たる50団体においては、自主財源だけでは公務員の人件費さえ賄えず、深刻な問題になっている。そして、財政力指数が0.3未満の地方公共団体は、自治区においては全体の22%、市においては42%、郡においては93%である。

表2-6　韓国の国税と地方税　　　　　　　　　　　　　　　　　（2010年度現在）

国税	内国税	直接税	所得税、法人税、相続及び贈与税、不当利益税
		間接税	付加価値税、特別消費税、酒税、印紙税、証券取引税
		目的税	教育税、農漁村特別税、交通税、総合不動産税
	関税	関税臨時収入付加税	
地方税	特別・広域市税	普通税	取得税、登録税、レジャー税、住民税、地方消費税、地方所得税、自動車税、走行税、タバコ消費税、屠畜税
		目的税	都市計画税、共同施設税、地域開発税、地方教育税
	道税	普通税	取得税、登録税、レジャー税、免許税、地方消費税
		目的税	共同施設税、地域開発税、地方教育税
	区税	普通税	免許税、財産税
	市・郡税	普通税	住民税、財産税、地方所得税、自動車税、走行税、タバコ消費税、屠畜税
		目的税	都市計画税

・筆者作成

表2-7　国税と地方税の割合[2]　　　　　　　　　　　　　　　（単位：兆ウォン、％）

年度	2003	2004	2005	2006	2007	2008	2009	2010
国税	114.7	117.8	127.5	138.0	161.5	167.3	164.5	170.5
	77.6%	77.5%	78.0%	77.0%	78.8%	78.6%	78.4%	78.2%
地方税	33.1	34.2	36.0	41.3	43.5	45.5	45.2	47.6
	22.4%	22.5%	22.0%	23.0%	21.2%	21.4%	21.6%	21.8%
税収総額	147.8	152.0	163.5	179.3	205.0	212.8	209.7	218.1
	100%	100%	100%	100%	100%	100%	100%	100%

・出処：国税庁ホームページを参考に筆者が作成。
・関税を除く。

表2-8　地方公共団体の財政力指数[3]　　　　　　　　　　　　　　　（全国平均）

年度	2003	2004	2005	2006	2007	2008	2009	2010
特別市・広域市	0.82	0.81	0.80	0.78	0.73	0.73	0.72	0.68
道	0.39	0.41	0.36	0.36	0.34	0.39	0.33	0.31
市	0.38	0.39	0.41	0.39	0.39	0.41	0.40	0.40
郡	0.16	0.17	0.16	0.16	0.17	0.17	0.18	0.18

・出処：『地方財政年鑑』各年度版を参考に筆者が作成。

このような地方公共団体の財政状況を、国会議員は地方公共団体間の深刻な格差と言っている。しかし、格差は何であるのか、格差があれば何が問題であるかについての真剣な議論はなされていない。
　次に、地方自治を所管する中央省庁について概説する。1998年2月に、治安、地方行政、地方財政、地方税、選挙、土木、消防などに関する業務を担当していた内務部[4]は総務処[5]と統合され、行政自治部になった。また、行政自治部には、内務部にはなかった自治行政局が設置された。そして、地方移譲推進委員会の下に地方移譲実務委員会が設置されており、この実務委員会は行政分科委員会、産業・建設分科委員会、農水産・福祉分科委員会で構成されている。その中、「行政分科委員会は行政自治・・・など一般行政・・・に関する事項を分掌する[6]。」ことになっている。また、「行政分科委員会の事務処理は行政自治部自治行政局長が行う[7]。」、「自治行政局長を補佐するために自治行政局長の下に地方移譲支援チームを置く[8]。」と定められており、自治行政局長の職務の一つとして、「地方移譲推進委員会または実務委員会に上程する案件の事前検討・調整[9]」が定められている。
　行政自治部は2008年2月の省庁再編により、中央人事委員会、国家非常企画委員会[10]と統合され、行政安全部となった。現行の政府組織法第29条①においては、「行政安全部長官は・・・地方自治制度、地方自治団体の業務を支援し、地方財政、地方税制などに関する業務を所管する。」と規定されており、地方自治を所管するという位置づけは行政安全部になってからも変わっていない。現在の行政安全部における地方自治所管部局としては地方行政局、地方税制官、自治制度企画官、地方財政税制局、地方発展政策局が設置されている。

1　韓国では、「特別地方行政機関」という。2001年現在、約6,650の機関が設置されている。
2　本書で用いられている財政データは、分析上特に必要な場合を除き、2003年度から2010年度のものである。そして、2011年3月現在、2010年度のデータが公表されていないものについては2009年度までのデータを用いる。

3 　基準財政収入額を基準財政需要額で除した数値。過去3年間の平均値
4 　政府組織法（1948年7月17日、法律第1号）
5 　日本の総務省に相当する。
6 　地方移譲推進委員会運営細則第12条①、第13条①。
7 　地方移譲推進委員会運営細則第16条①。
8 　地方移譲推進委員会運営細則第16条②。
9 　地方移譲推進委員会運営細則第17条2。この細則の詳細については、地方移譲推進委員会、2007年、336 － 339頁。
10　国務総理直属で、戦時、もしくは、それに準じる非常事態に備えた調査、研究、計画の策定などを担当していた。

第5節　地方分権改革をめぐる議論と政策展開

1．歴代政権における大統領の政策志向

　民主化以降の韓国においては、大統領が国政の方針を決めるが、一貫した国政方針として、また、国策として推進されているのが地方分権改革である。以下、大統領ごとに、発言や地方分権に向けた政策展開について述べる。

　（1）金泳三政権（1993年2月～1998年2月）

　金泳三政権においては、1995年6月に、韓国史上初めての統一地方選挙が実施された。これは地方自治の始まりという点においては歴史的な重要性を持つ。しかしながら、それ以外には地方分権改革といえる実績やそれに向けた政策努力は見られない。この時期は地方自治の準備段階であり、また議論の段階であったといえよう。基礎地方公共団体議会議員と同首長選挙において、政党による候補者の公認を認めることの是非をめぐる議論や、地方公共団体の区域変更をめぐる議論などがその例である。

　（2）金大中政権（1998年2月～2003年2月）

　金大中は1997年12月の大統領候補としての重要公約として地方自治の活性化を掲げていた。また、金大中政権が発足してからは、国政における重要課題として、「顧客中心の企業型行政への転換」、「住民中心の地方自治への転換」、「地方の時代に向けた地方財政の改革」を提示した。そして、100大国政改革課題の一つとして「中央政府の権限の地方への移譲」を挙げている。また、地方分権の推進のために、1999年7月、「中央政府の権限の地方への移譲の促

進等に関する法律」が制定された。この法律の主な内容は、第一に、地方公共団体の意思を尊重した権限移譲、第二に、権限移譲に伴う行財政的支援の実施、第三に、大統領直属の「地方移譲推進委員会」の設置である。この法律の規定に基づき、1999年8月には大統領直属の第1期地方移譲推進委員会が発足した。地方移譲推進委員会は2年ごとに地方移譲推進計画を策定する。この計画に基づき、地方公共団体への移譲の対象になる権限を選ぶための議論を行う。移譲の対象になる権限を選ぶ主な基準としては、第一に、中央政府と地方公共団体の権限が重複する場合には原則として地方公共団体の権限にする。第二に、権限配分における補完性の原則を貫くことである。

　1999年8月30日の地方移譲推進委員会民間委員委嘱状授与式において、「地方自治は民主主義の必要不可欠な基幹です。地方自治においては形式的に選挙を行うことだけが重要なのではなく、地方で行使すべき権限を地方に移譲することも非常に重要です。それが実現してこそ名実ともに地方自治になるのです。地方自治なくして民主主義はありません。4・19革命を経験した、1960年代のあの難局でも張勉政権は基礎地方公共団体の首長まで公選制を実施していました。しかしながら、5・16軍事クーデターによってそれが中断させられてしまいました。これは韓国の歴史上最も残念なことの一つです。軍事政権によって地方自治が中断されていなかったら韓国はより頑丈な政治的基盤の上で、より一層の民主主義的発展ができたはずです[1]。」としている。

　2001年2月21日、行政自治部は青瓦台での新年業務報告において、抜本的な権限移譲を進めるために、地方移譲一括法の早期制定が必要であるとした。

　そして、金大中大統領は「権限移譲を順調に進めるために地方移譲一括法を制定し、地方公共団体の権限の拡大を目指したい[2]。」とした。

　この発言からもうかがえる、金大中大統領の積極的に地方分権を推進したいとの強い意志にもかかわらず、金大中政権においては、積極的な地方分権改革に取り組むには至らなかった。その最大の原因は1997年12月に発生した外国為替危機である。発生時点では金泳三政権であったが、その任期は1998年2月までであったため、外国為替危機の克服は金大中政権に任された。外国為替危機によって地方公共団体の税収は急激に落ち込み、政府は補助金などの移

転財源の増額によって危機を乗り越えようとした。

表2-9は、外国為替危機の下における地方公共団体への補助金額を示している。

表2-9　外国為替危機の下における補助金の増額　　　　　（単位：百万ウォン）

年度	補助金額	増加額	増加率
1997	11,255,023	—	—
1998	14,111,972	2,856,949	25.4%
1999	17,036,817	2,924,845	20.7%

・出処：『地方財政年鑑』各年度版。一般会計予算基準

　後述の国家均衡発展特別会計における補助金額の増加率が10％前後（本書155頁の表2-28)であることを考慮すると、かなり高い増加率であると言える。特に、外国為替危機が発生した翌年で、金大中政権が誕生した1998年度の補助金増加率が高い。

　金大中大統領は就任直後から外国為替危機の克服のための政策を積極的に導入し、予想より早く、2001年8月頃までに国際通貨基金からの借入金195億ドルを全額返済した。しかし、地方分権改革の観点で言えば、税源移譲などよりも補助金による緊急避難的政策が優先され、地方分権についての本格的な議論は行われにくい状況であった。地方分権改革をめぐる本格的な議論がなされ、政策展開が見られたのは盧武鉉政権以降となる。

（3）盧武鉉政権（2003年2月～2008年2月）

　2002年12月の大統領選挙で当選した、盧武鉉大統領は、「北東アジア経済の中心国家の建設」と「地方分権を新政権の国政運営における重点課題と位置づけるとともに分権と分散を21世紀国家発展の新しいパラダイムとして提示した[3]。また、盧大統領は、2003年2月25日の第16代大統領就任演説において、「中央集権と首都圏集中は、国の未来のためにこれ以上放置できません。地方分権は先延ばしできない課題であり、・・・私はどのような困難があってもこれを推進して参る所存であります[4]。・・・」としている。

第5節　地方分権改革をめぐる議論と政策展開　　85

2003年2月に発足した盧武鉉政権においては、同年4月、大統領の諮問機関として、大統領直属の政府革新地方分権推進委員会が発足した。同委員会設置の目的は、政府の改革と地方分権に関する大統領の諮問に応じることである。同委員会は七つの専門委員会で構成されるが、その一つが地方分権専門委員会である。地方分権専門委員会の主な役割は、地方公共団体への権限移譲とそれに見合う税源移譲策などについてのアイディアを提示することであった。そして、同年7月、「分権型先進国家の建設」を国家発展戦略として掲げ、「参与政府地方分権推進ロードマップ」が発表された。ここでは、一貫した地方分権の推進のための原則として、第一に、まず分権を進め、悪影響が出れば後で対処するという先分権、後補完の原則、第二に補完性の原則、第三に包括性の原則が提示された。中央―地方政府間における権限の再配分と抜本的な財政分権の推進が盛り込まれている。財政分権の推進においては、地方財政基盤の拡充のために、国税と地方税の合理的な調整、地方税の新しい税源の拡大、大幅な基幹税の税源移譲、普通交付税法定交付率の引き上げなどが課題として挙げられている。また、2003年12月には、後述の地方分権特別法案が成立したが、この法律においては、地方分権の基本原則、課題、推進体制などが定められた。また、2003年11月27日の釜山―巨済間連陸道路建設工事起工式における演説で、盧武鉉大統領は「40年近く続いてきた中央集権・集中戦略は地方分権・分散戦略への転換が必要な時期になってきました。参与政府[5]では、思い切った地方分権と財源の移譲によって、地方の自治力量の強化を図ります[6]。」としている。2004年1月29日の地方化時代宣言式典における演説では、「地方税制の改革によって、地方の自律性を高めることは中央政府の役目です[7]。」としている。そして、2004年6月には第3期地方移譲推進委員会が発足した[8]。

　また、政府革新地方分権推進委員会は2004年11月に地方分権5カ年総合実行計画を発表した。同計画においては、2005年を目途に国税の付加価値税を大幅に地方へ移譲する[9]。そして、48：52になっている地方と国の事務配分の割合を、5年後を目途に55：45にするとしている[10]。そして、2005年3月、盧大統領の特別指示により、政府革新地方分権推進委員会の下に、大統領の諮問機関として租税改革特別委員会が設置された。同委員会は学識経験

者や財政専門家など24名で構成され、税源移譲の具体策を提示させるために設けられた。また、同委員会の活動期限は、2006年12月までとされていた。これは、できるだけ早期に成果を出したいという大統領の意志の表れであると考えられる。

　盧武鉉政権においては、政府革新地方分権推進委員会が発足し、その下には租税改革特別委員会が設置された。そして、第3期地方移譲推進委員会が発足した。これらの委員会は大統領直属で設置されているという点で共通しており、役割分担は明確である。つまり、租税改革特別委員会は税源移譲の具体策の提示を期待されていた。また、第3期地方移譲推進委員会の役割は地方公共団体への権限移譲対象事務を選ぶことであった。このように、立て続けに複数の地方分権改革関連の委員会を設置することによって地方分権改革の推進という大統領の意志を示し、地方分権改革のために大統領自らが何らかの努力をしていることをアピールするための、非常に有効な手段になるといえる。

　そして、2004年11月11日の第一回地域革新博覧会開会式の祝辞において、「確かなことは地域革新戦略が揺るぎないものになり、継続的に推進されなければならないということです。・・・中央政府はすべての政策、予算において、地方優先の原則を貫きます。また、権限移譲や地方財政の拡充による更なる地方分権を進め、地方政府の自律性の向上を図ります[11]。」としている。

（4）李明博政権（2008年2月～）

　李明博候補は、2007年12月の大統領選挙の際に、地方分権に関連して次のような公約を発表している。すなわち、更なる権限移譲の推進、教育自治の強化、自治警察制度の導入、地方財政の自律性を高めるための方策として、大幅な税源移譲と普通交付税法定交付率の2％以上の引き上げなどである。また、李明博大統領は、2008年7月11日、国会開院演説（所信表明演説に相当する）において、「政府は名実ともに地方自治を実現し、地域経済の活性化のために思い切った権限移譲を行います。また、地方公共団体の予算の自律性を高めるため、そして、地域経済活性化の成果が地方公共団体の税収拡大につながるよ

う、地方税制改革を行います[12]。」と述べている。

　李明博政権においては、2008年6月に政府革新地方分権推進委員会が廃止され、同年9月には地方移譲推進委員会が廃止された。その二つの委員会に代わり、2008年12月2日には地方分権促進委員会が発足した。同委員会は廃止された政府革新地方分権推進委員会と地方移譲推進委員会を引き継ぐものであった。同委員会は地方分権改革における最重要課題として「事務の効率的な配分と財源の裏付け」を挙げている。同委員会は現在も活動を続けている。李大統領は同委員会委員への委嘱状授与式において、「地方移譲一括法の制定のために、委員の方々のご尽力を賜りますようお願いします[13]。」と述べている。

　李明博政権において、地方分権推進関連の委員会が統廃合されている。これも前述の盧武鉉政権同様、地方分権改革の推進という大統領の意志を示し、地方分権改革の推進のために「大統領は何かをしている。」という努力をアピールする手段になると考えられる。

　民主化以降の歴代政権における地方分権関連の委員会はいずれも大統領直属で大統領の諮問機関として設置され、政権が交替すれば改称されることがあるが、継続して活動を行っている。また、それらの委員会において議論される「重要課題」の選定、委員の人選や委員会の構成などは大統領の意思によって決まる場合が多い。また、それらの委員会は地方分権改革に関連する政策案の立案に役立つアイディアを行政安全部などに提供する役割を担っている。そのため、地方分権関連の大統領の諮問機関の設置は地方分権の積極的な推進に関する歴代大統領の明確な意志を裏付けるものであると言える。

2．権限移譲

　韓国における権限移譲は大統領直属の地方移譲推進委員会[14]を中心に進められている。

　1999年8月、地方移譲推進委員会が発足した。この地方移譲推進委員会は、1999年1月に制定された、中央行政権限の地方移譲の促進等に関する法律にその設置の根拠がある。地方移譲推進委員会は、「中央行政権限の地方への移

譲及び地方自治団体間における事務の配分等を効率的に推進するために[15]」設置された。地方移譲推進委員会は、次の事項について審議、議決を行う[16]。第一に、中央行政権限の地方への移譲及び地方自治団体間における事務の配分に関する基本計画の策定と施行に関する事項、第二に、中央行政権限の地方への移譲及び地方自治団体間における事務の配分のための対象事務の調査に関する事項、第三に、中央行政権限の地方への移譲及び地方自治団体間における、配分の対象になる事務の決定に関する事項、第四に、法令に定められた事務の国または地方自治団体の所管の区分に関する事項、第五に、その他委員長が必要であると認めた事項である。

中央行政権限の地方移譲の促進等に関する法律第8条においては、地方移譲推進委員会の構成について定められている。第一に、委員会は、委員長2人を含む、15人以上、20人以内の委員で構成する。第二に、委員長は、国務総理と、当該分野における学識経験者の中、大統領が委嘱する者とする。第三に、委員は、当該分野における学識経験者の中、大統領が委嘱する者と、大統領令の定める国家公務員及び地方公務員とする。この場合、公務員ではない委員は、委員総数の過半数にならなければならない。このような地方移譲推進委員会の

表2-10 年度別の権限移譲の状況

年	移譲された事務の数
2000年まで	185
2001年	175
2002年	250
2003年	466
2004年	52
2005年	158
2006年	59
2007年	61
2008年	30
2009年	4
合計	1440

・2010年11月30日現在のデータ
・出処：地方分権促進委員会、2010年。

構成は、学識経験者の経験を生かそうとする意図があると考えられる。そして、中央行政権限の地方移譲の促進等に関する法律においては、地方への移譲対象事務の調査、確定についての細かい規定が定められている。

権限移譲に伴う地方公共団体への財政的支援については、中央行政権限の地方移譲の促進等に関する法律第13条②において、「（地方移譲）基本計画には次の各号の事項が含まれなければならない。・・・5　その他行政的、財政的支援等中央行政権限の地方への移譲及び地方自治団体間の事務の配分を効率的に推進するために必要な事項」と規定されている。

韓国における地方分権改革によって、表2－10のように、2000年以降、毎年地方公共団体への権限移譲が行われており、今後もこの改革は続くであろうと考えられる。

次に、権限移譲までの流れである。図2－2のように、地方公共団体への権限移譲は地方移譲推進委員会で大枠を決め、次官会議、国務会議を経、大統領に報告され、最終的には国会での法律改正により、権限移譲がなされるという流れになっている。ここで、日本の閣議と韓国の国務会議の違いについて検討する必要があろう。韓国の国務会議は日本の閣議に相当するが、国務会議は基本的に審議機関であり、国務会議での議決は法的拘束力を持たない。その意味で、国務会議の議決の拘束力は日本の閣議に比べ非常に弱いといえる。そのため、最終的な法案議決の権限を持つ国会の意向によって、移譲される権限の

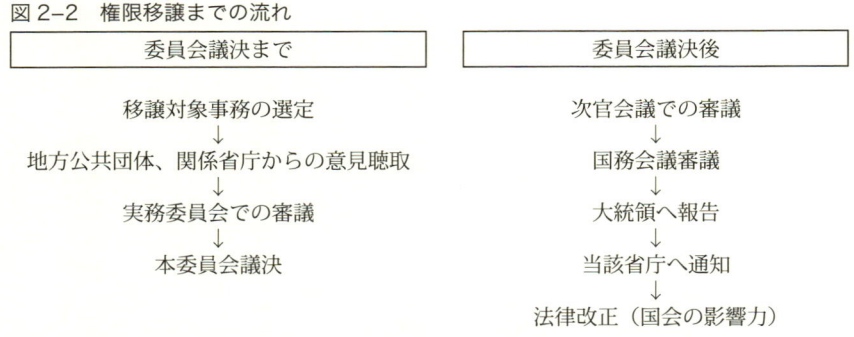

図2-2　権限移譲までの流れ

委員会議決まで	委員会議決後
移譲対象事務の選定 ↓ 地方公共団体、関係省庁からの意見聴取 ↓ 実務委員会での審議 ↓ 本委員会議決	次官会議での審議 ↓ 国務会議審議 ↓ 大統領へ報告 ↓ 当該省庁へ通知 ↓ 法律改正（国会の影響力）

・出処：地方移譲推進委員会、2007年、29頁を参考に筆者が作成。

種類と数が決まると考えられる。

　権限移譲における国会の影響力を裏付けるデータを紹介する[17]。2000 年から 2009 年まで、国務会議において移譲が決定された事務は 2,746 件であるが、国会における法律改正などの手続きを経、移譲が完了したのは 1,440 件である。

　以下においては、実質的な権限移譲が国会の反対によって実現できなかった事例を紹介する。韓国の地方分権改革の推進における最も重要な目標は地方公共団体の行財政的自律性の向上である。そうであるとすれば、自主財政権、その中でも自主課税権は特に重要であると考えられる。2007 年 9 月 4 日、地方公共団体の自主財源の拡充のための火力発電地域開発税の導入を盛り込んだ「地方税法一部改正法律案」が大統領の意向を受けて国会に提出された。この法案の主な内容は、火力発電所が立地する地域の地方公共団体が地方税として、発電容量に基づいて、火力発電地域開発税を徴収できるようにするためのものである。この法案に対する国会行政自治委員会の検討報告書においては、同税の導入に慎重になるべきであるとされている。つまり、火力発電所が立地している地域の広域地方公共団体は、既に、「発電所周辺地域の支援に関する法律」に基づいた「発電所周辺地域の支援事業」として、2006 年現在、総額 518 億ウォンの支援を受けており、火力発電所の立地による固定資産税、事業所税などの地方税収もあるため、新しい地方税の導入は公平の観点からも望ましくなく、地方公共団体間における更なる格差の拡大をもたらす可能性があるとしている。この法案は国会において審議が進まず、第 17 代国会の任期満了に伴い、廃案となった。このように、行政内部の過程以上に、国会の審議の状況が権限移譲の進展に影響を与えるのである。

3．地方公共団体の財源拡充のための議論

　盧武鉉政権以前の各政権においては、前述のように、国政における重要課題として位置づけられながらも、地方分権改革には積極的には取り組めず、地方分権改革をめぐる議論も活発であったとは必ずしも言えない。税源移譲をめぐる議論を含め、地方分権改革に関する議論が本格化したのは盧武鉉政権が発足

してからである。

　日本と酷似した地方自治制度を持つ韓国において、地方公共団体の行財政的自律性向上のための地方分権改革を進めようとすれば、まず、大規模な権限移譲を行い、それに見合う財源移譲が必要であると考えられる。国から地方公共団体への財源移譲のためには二つの方法が考えられる。大規模な税源移譲によって国税と地方税の財源配分それ自体を変更するか、これまでは国庫補助負担金等に充当されていた国の財源を地方の一般財源に変える方法である。

　このうち前者の方策についての検討には事務配分の再編成作業が先行することが必須の条件になる。後者の道を探るとすれば、何よりも国庫補助金の整理合理化作業が先行しなければならない[18]。

　民主化以降の大統領は地方公共団体の行財政的自律性向上のために、一貫した国策として地方分権改革を進めており、その方策として権限移譲を行い、それに見合う財源移譲を進めようとしている。それとともに地方公共団体の補助金の整理合理化を目指している。これは、地方公共団体の行財政的自律性向上のためには補助金の整理合理化と財源の大幅な移譲は欠かせないという学者の主張[19]と軌を一にするものである。

（1）盧武鉉政権

１）税源移譲をめぐる議論

　2003年1月、盧武鉉次期大統領は、新政権発足に向け、大統領職引継委員会を構成し、金秉準国民大学教授を政務分科幹事に任命した。金秉準教授は積極的な地方分権の推進論者であるため、彼の抜擢は、新政権の地方分権推進への強い意志の現われでもあった。同月15日、大統領職引継委員会の経済1分科政策懇談会において、盧武鉉次期大統領は、「外国では、所得税、法人税、消費税など、基幹税の税源を地方に移譲しているので、我々も検討するように[20]」としている。

　これを受け、2003年2月、大統領職引継委員会は「地方分権と地域均衡発展」を盛り込んだ新政権の公約の一つである「10大国政課題」を発表した。この

発表以降、地方分権に伴う、地方公共団体の財源確保策などをめぐる議論が行われるようになる。

　国会でも税源移譲の問題が取り上げられた[21]。2003年2月11日、野党ハンナラ党の羅午淵議員[22]は対政府質問において、盧武鉉次期大統領の国税の地方移譲案に対して、「盧武鉉次期大統領が、基幹税の税源を地方に移譲するとしているが、これは地方公共団体間の格差を深化させるであろう。」と批判すると、田允喆副総理兼財政経済部長官も「全く同感である。」とし、税源移譲に対して消極的な立場を示した。「また、税収が都市部に集中しているため、地方への税源移譲は地域間の著しい格差をもたらす。」とした。さらに、「中央政府は全体的な視野からアプローチしなければならないので、地方への税源移譲は長期的な検討課題にしたい。」と述べ、慎重になるべきであるとの立場を示した。

　一方、行政自治部は、2003年3月、地方公共団体の代表と大統領が直接話し合う場を設け、基幹税の税源移譲という大統領の方針に従い、地方公共団体の財源確保策として、基幹税の税源移譲を行い、地方消費税を導入すべきであると主張した。これに対し、同月、金振杓副総理兼財政経済部長官は、「首都圏一極集中という経済構造を考慮すると、地方への税源移譲はさらなる格差の拡大をもたらす[23]。」とした。この場合も、財政当局は、税源移譲そのものに対する明確な反対ではなく、格差の拡大の恐れがあることを強調している。

　このように、地方公共団体の財源拡充策の一環として議論されていた税源移譲や税源移譲策としての地方消費税の新設について、企画予算処や財政経済部など財政当局は、地方公共団体間における格差拡大の恐れを強調し、消極的な立場を示している。この問題は、2003年6月に開かれた、大統領が議長を務める財政分権国政課題会議に持ち込まれたが、地方消費税の導入などの税源移譲は長期的検討課題にし、普通交付税法定交付率を引き上げる方向で議論がなされた。この会議の後、盧大統領は「首都圏集中が続けば、地方も困難な状況に直面する可能性が高く、国家の競争力の著しい低下をもたらしかねないので、地方分権による国の改造が必要である[24]。」と述べ、地方分権改革の重要性を強調した。

2003年8月21日、瑞山市と麗水市、蔚山南区は国税の地方への移譲に関する、各市長、区長、市区議会議長の共同要望書を、大統領、国務総理、行政自治部、企画財政部などの関係省庁と各政党に提出した。これらの地域には石油コンビナートが立地しているという共通点があり、環境対策の一環としての財政支援を求めているのである。

　そして、2004年7月6日、政府革新地方分権委員会は、地方公共団体の財政的自律性向上のためには国庫補助金の整理合理化と共に、国税の20％以上の税源移譲を行う必要があると国務会議に報告したが、税源移譲についての具体策の提示はできなかった。そのため、盧武鉉大統領の特別指示によって、2005年3月に租税改革特別委員会が設置された。同委員会における主な議論の状況は次のようである。第一に、税収総額の79％が国税で、地方税は21％[25]に過ぎず、極端な中央集権的財政構造である。これが地方公共団体の財政的自律性を阻害しているため、中央政府と地方公共団体間における財源配分のあり方の根本的改革が必要であるとした。第二に、地方公共団体の財政的自律性向上のためには、税源移譲は欠かせないが、地方公共団体における経済成長が税収拡大に結びつくような税源移譲が必要である。そして、税源移譲によってもたらされるかもしれない、地方公共団体間における税収格差をできるだけ縮小するためには、国税に比べ、地方公共団体間における税収格差が少ないとされている付加価値税の20％程度を地方消費税として税源移譲する必要があるとの提案がなされた。つまり、民間最終消費支出の増大が地域の活性化と税収の増大につながる構造にする必要があり、地域経済の活性化のためには、民間最終消費支出の増大とそれによる税収増大が当該地域の居住者に還元されるような仕組みが必要であるとした。これは、国会議員などの反対によって税源移譲の規模が縮小されたものであると考えられる。

　租税改革特別委員会の提案を受けて、それまで遅々として進まなかった、税源移譲の切り札としての地方消費税の導入をめぐる議論が活発化する。

　2006年8月25日、行政自治部は、全国の基礎地方公共団体の首長を対象に、国政説明会を開催した。この場で地方側は、地方消費税の導入と普通交付税法定交付率の引き上げ[26]の要望を行った。また、ソウル特別市は譲渡所得税と

付加価値税の20％などの税源移譲に関する要望書を政府に提出した。同要望書では譲渡所得税の移譲によって約1兆ウォンを確保し、付加価値税の20％の移譲によって約1兆3千億ウォンを確保できるため、地方公共団体の財政的自律性向上につながるとしている[27]。

　次に、2006年8月25日、行政自治部は、全国の基礎地方公共団体の首長[28]を対象に、国政説明会を開催した。この場で地方側は、地方消費税の導入と普通交付税法定交付率の引き上げ[29]を求めた。

　このように、「格差の拡大」を理由に税源移譲関連の議論が遅々としてあまり進まない中、ソウル特別市における財産税の共同課税という形で、非常に限られた形ではあるが、一つの「格差是正策」が成果を上げることになる。すなわち、ソウル特別市内の各区間における財政格差を減らす目的で、2007年7月、財産税[30]共同課税制度[31]が導入された。

　財産税共同課税制度の導入を受け、2007年7月6日、朴明在行政自治部長官と呉世勲ソウル特別市長は共同記者会見[32]を開き、朴明在行政自治部長官は「政府は地方公共団体の財政的自律性を高めるために努力してきたが、税収全体に占める地方税の割合があまり高くならないので、悩んでいる。」、また、「広域市と自治区、道と市、市と郡の間の税源のアンバランスが緩和できる方策を探りたい。」と述べた。そして、呉世勲ソウル特別市長は「大規模で抜本的な税源移譲がなされるよう、中央政府に強く要望したい。」とした。

　しかしながら、このような動きに対して、許龍錫財政経済部税制室長は、「国税の一部を地方に移譲するのは、例えば、付加価値税の73％が首都圏で徴収されているので、地方消費税を導入すると地方公共団体間の格差のさらなる深化をもたらしかねない。国の財政、地方財政などについての総合的、長期的観点からの検討が必要である[33]。」と述べ、この場合においても、地方公共団体間の格差を強調し、慎重に検討する必要があるとしている。

　このように、政権発足から税源移譲についての議論が進んだ。しかしながら、具体的な政策は生まれなかった。

2）補助金の整理合理化の失敗

　2003年7月22日、国務会議において、金秉準政府革新地方分権委員長が国庫補助金の整理合理化の方策を探る必要があるとした。そして、2004年7月6日、国務会議において、政府革新地方分権委員会は、国庫補助金制度の整理合理化の方策を報告し、同方策は国務会議で審議され、決定された。同方策においては、国庫補助金制度の整理合理化が必要な理由として、第一に、国庫補助金は中央省庁が地方公共団体を統制する手段として用いられているため、地方公共団体の自律性を阻害している。第二に、現行の国庫補助金制度の下では、補助金の配分において非効率で無駄な部分が多いため、改革が必要であるとされている。国庫補助金制度の整理合理化のためには、第一に、権限配分における補完性の原則を貫く必要がある。第二に、個別の補助金の整理合理化によって、地方公共団体の自主財源を増やす必要があるとされている。国庫補助金の整理合理化のための具体策としては、2004年度の533の国庫補助事業の中、149の事業を地方公共団体に移譲する必要があるとした。また、普通交付税法定交付率の引き上げのための地方交付税法の改正も必要であるとされた。そして、移譲された事業への追加的な補助金配分要求の禁止に関する規定を関連法律に盛り込むべきであるとした。

　しかしながら、2004年には52件の権限移譲しかなされていない（本書89頁の表2－10）。そして、普通交付税法定交付率の引き上げのための地方交付税法の改正はなされておらず、移譲された事業に対して追加的な補助金の配分を要求することを禁止するなどの法律の改正もなされていない。また、大統領が進めようとしていた国庫補助金の整理合理化はあまり成果がなく、補助金は毎年増額されている（本書155頁の表2－28、同158頁の表2－31）。

3）国会内の議論

　ここでは、国会内における税源移譲関連法案の審議の状況を検討する。税源移譲に関連する法案は第15代国会（1996年6月～2000年5月）、第16代国会（2000年6月～2004年5月）においては、国会に提出されていない。第17代国会（2004年6月～2008年5月）においては、4件提出されたが、いずれ

も廃案となった[34]。

　2005年9月13日、「地方税法一部改正法律案」が、議員立法により国会に提出された。この法案の主な内容は、国税である付加価値税の20％を原資とする地方消費税を新設するものであった。すなわち、従来国税として徴収されていた付加価値税の80％を国庫に入れ、20％は地方消費税として地方の歳入にするものである。この法案についての2006年2月の国会財政経済委員会の意見書には、同法案が地方公共団体の財源の確保のためにある程度役に立つと思われる反面、地方公共団体間の税収のアンバランスが現状でも深刻であるため、地方消費税の導入によって、地方公共団体間における財政格差がさらに深化する可能性が非常に高いという点が指摘されている。そして、現在普通交付税の交付を受けていない地方公共団体にとっては、自主財源が増えるため有効であると思われるが、普通交付税の交付を受けている地方公共団体には、現在の普通交付税交付額の算式を考慮すると、自主財源の拡大により基準財政収入額が増えるため、結果的に普通交付税の交付を受ける金額が減少する可能性が高いとしている。そのため様々な制度的補完が必要であり、長期的な検討課題とされた。また、この法案の成立のためには、この法案そのものの可決だけではなく、この法案とセットで2005年9月13日に国会に提出された「国税と地方税の調整等に関する法律一部改正案」の成立も必要であった。しかしながら、「地方税法一部改正法律案」の審議も進まず、両法案とも廃案となった。

　そして、2007年8月22日、「地方税法一部改正法律案」が、議員立法により、国会に提出された。この法案の主な内容は、国税である所得税の20％を地方所得税という形で地方に配分するというものであった。これは厳密な意味における税源移譲ではなく、配分の方式を変えようとしたものにすぎない。すなわち、地方所得税総額の30％は住民税所得割の徴収比率によって市郡に配分し、70％は地方公共団体の財政力に基づいて配分するというものであった。この法案は、同日、議員立法により、国会に提出された「国税と地方税の調整等に関する法律一部改正案」の成立を前提にするものであった。2007年10月の国会財政経済委員会における同法案についての検討報告によると、税源移譲策としての地方所得税の導入は、地方公共団体における財政格差をさらに深化さ

せる懸念があるとされている。その報告書によると、2005 年度の場合、首都圏への税収の集中度は、法人税 79.0％、所得税 71.9％、付加価値税が 71.6％である。そのため、地方公共団体の財源確保策のあり方については、必ずしも個別の税目に拘らず、国の政策のあり方としてトータルとして検討すべきであるとされている。この二つの法案は第 17 代国会の任期満了に伴い、廃案となった。

4）普通交付税法定交付率の引き上げの阻止と分権交付税の導入

地方公共団体間における財政的格差縮小策として大統領が注目していたのは普通交付税法定交付率の引き上げであった。それは、普通交付税は後述の分権交付税に比べ、地方公共団体間における財政的格差縮小策としての効果が高いとされている[35]ためである。しなしながら、国会議員が阻止しているため、普通交付税法定交付率の引き上げは実現していない。

これは、国会議員の発言から確認できる。例えば、2007 年 2 月 21 日の国会行政自治委員会における地方交付税法一部改正法律案の審議において、ソウル市内の選挙区で当選している、開かれたウリ党の柳在乾議員は「普通交付税交付率の引き上げなどの方策は、ソウル市民の負担が増えるだけで、普通交付税の交付を受けていないソウル、仁川、京畿道などの地域にはあまりメリットがない[36]。」としている。

事実、普通交付税法定交付率の引き上げを盛り込んだ法案は国会で否決されている。つまり、2006 年 11 月 22 日と 2007 年 3 月 20 日に提出された地方交付税法一部改正法律案は国会での審議が進まず、第 17 代国会の任期満了に伴い、廃案となった。これらの法案の検討報告書では、新たな財源の確保が困難であるため、普通交付税の増額は困難であるとされている[37]。

次に、分権交付税である。分権交付税は、地方に移譲された社会福祉サービス提供などの事務を遂行させるための財源確保策の一環である。2004 年までに移譲が完了した 1,128 の事務の中、保健福祉部所管は 213 の事務（18.9％）で最も多かった[38]。しかしながら、権限移譲に伴う財源の確保は必ずしも十分ではなかった。地方公共団体から財政支援を受ける全国の社会福祉施設 2,344

カ所の中、257施設において、2005年度予算の確保ができていない状況であった。

盧武鉉大統領は、就任以来積極的に権限移譲を進めてきており、彼が就任した2003年と2004年を合わせて518件の権限移譲を行った。特に、2004年に移譲が決まった権限の中、保健福祉部所管の権限は45件に上る。そのため、自ら進めている権限移譲の成果をアピールするためにも権限移譲に伴う財源対策を示す必要があったと考えられる。

社会福祉サービスの需要が多いのは首都圏や都市部の地方公共団体である。ところが、首都圏や都市部の地方公共団体は殆ど普通交付税不交付団体であるため、普通交付税法定交付率を引き上げてもその地方公共団体への支援策にはならない。そのため、首都圏や都市部の地方公共団体への財政支援につながる制度設計が必要であったと考えられる。

政府は、2004年10月19日、分権交付税の導入を盛り込んだ地方交付税法一部改正法律案を国会に提出する。同法案は国会での審議が順調に進み、2004年12月9日に可決されている。

表2－11のように、分権交付税交付額総額の約70％が社会福祉分野に交付されている。また、社会福祉分野への交付額は増加傾向にある。そのため、社会福祉サービスの需要の多い首都圏や都市部[39]への交付額が多い（表2－12）。

表2－12のように、ソウル特別市、京畿道、仁川広域市など首都圏の三つの広域地方公共団体への分権交付税の交付額は全体の20％を超えており、毎年増加傾向にある。そして、毎年の個別の地方公共団体への交付額としては、京畿道への交付額が最も多い。

分権交付税は、その名称からも推測できるように、地方交付税の一種であり、前述のように普通交付税の原資を増やすための改革がなかなか進まない中、権限移譲に伴う地方公共団体の新たな財源確保策として2005年度から導入された。導入当初の分権交付税の原資は内国税総額の0.83％であった。分権交付税の導入により、地方交付税法定交付率は従来の内国税の18.3％から19.13％に引き上げられた。そして、2006年度からは分権交付税の原資は内

表2-11　分権交付税の交付状況（分野別　　　　　　　　（単位：億ウォン）

	合計	社会福祉	文化観光	農林水産	公共就労	女性人材開発
2005年度	4,389	2,973	591	315	453	57
	100%	67.7%	13.5%	7.2%	10.3%	1.3%
2006年度	4,572	3,134	591	337	453	57
	100%	68.5%	12.9%	7.5%	9.9%	1.2%
2007年度	5,120	3,665	595	348	453	59
	100%	71.6%	11.6%	6.8%	8.8%	1.2%
2008年度	5,901	4,318	654	410	454	64
	100%	73.2%	11.1%	6.9%	7.7%	1.1%
2009年度	6,292	4,630	691	426	472	70
	100%	73.6%	11.0%	6.8%	7.5%	1.1%
2010年度	6,079	4,477	608	420	511	61
	100%	73.6%	10.0%	6.9%	8.4%	1.1%

・出処：行政安全部財政庫を参考に筆者が作成。

国税の0.94％に引き上げられた。内国税の0.94％は地方譲与金制度が廃止され、その分が分権交付税の原資に充てられており、新たな財源は確保されていない。

　地方譲与金は、地方における道路整備事業だけに使われるもので、1991年に導入された。しかしながら、1992年から農漁村開発、水質汚染防止、青少年育成などの事業にも地方譲与金が充てられるようになった。地方譲与金は使途が特定されており、補助金と類似したものであった。そのため、裏負担の問題も生じ、地方公共団体の財政的自律性という観点からも批判の的になっていた。また、ソウル特別市は、地方譲与金の原資の約30％を負担していながらも、地方譲与金の交付を受けていないという点は、地方譲与金制度の廃止によって分権交付税が導入され、表2－12のように、ソウル特別市も分権交付税の交付を受けるようになっている理由を説明する上で重要である。

　分権交付税は、2010年1月から廃止され、普通交付税に統合、運営されると地方交付税法[40]に定められていた。また、「普通交付税に統合、運営される場合、基準財政収入額が基準財政需要額を超過し、普通交付税が交付されなくなる地方公共団体に対しては、分権交付税によって交付されていた財源を補填

表2-12　分権交付税の首都圏への集中配分　　　　　（経常需要、単位：億ウォン）

	合計（A）	首都圏への交付額 (B)	(B)/(A)
2005年度	4,389	968	22.1%
2006年度	4,572	1,022	22.4%
2007年度	5,120	1,192	23.3%
2008年度	5,901	1,420	24.1%
2009年度	6,292	1,557	24.7%
2010年度	6,079	1,551	25.5%

・出処：行政安全部財政庫を参考に筆者が作成。

するため、必要な措置を講じなければならない[41]。」と定められていた。この規定は、分権交付税が普通交付税に統合されてからも普通交付税の交付を受けていないソウル特別市などが継続して一定の財源の確保ができるようにするためのものであると考えられる。分権交付税が廃止され、普通交付税に統合された場合、ソウル特別市などは既存の分権交付税の交付額の分だけの財源を確保できなくなる。そのため、その分の財源の継続的な確保ができるよう、法律的な根拠が用意された。ところが、分権交付税の普通交付税への統合に関連する法律の規定は2010年1月1日に、国会行政自治委員長代替案として国会に提出された地方交付税法一部改正法律案が同日可決されたことによって削除され、分権交付税は存続することになった。その背景には、地方公共団体の安定的な財源確保の必要性があると考えられる。

　分権交付税の使途は、社会福祉、文化観光、農林水産、公共就労、女性人材開発としか定められていないため、補助金ほど厳密なものではない。そのため、財政支出における地方公共団体の裁量の余地がある。そのため、分権交付税は、税源移譲ほどではないとしても、地方公共団体の財政的自律性の向上につながる効果があると考えられる。

5) 国家均衡発展特別会計の導入と地方分権のための三大特別法の制定[42]

　盧武鉉候補は、2002年9月、「国の均衡発展のために」、青瓦台と中央省庁やその傘下の公共機関などの忠清道への移転、いわゆる「行政首都の移転」を大統領選挙における最重要5大公約の一つとして位置づけた。この公約の狙

いは、盧候補の支持率が低迷していたため[43]、支持率を上げることであったと考えられる。つまり、首都圏の住宅価格の高騰が社会問題化する中、首都圏への一極集中を防ぐための抜本的な解決策として、国の均衡発展とその手段として「行政首都の移転」を打ち出したのである。盧候補は同年 12 月の大統領選挙で当選した。

　2003 年 6 月の財政分権国政課題会議の後、盧武鉉大統領は「首都圏への一極集中は深刻で、首都圏と地方がともに困難に直面する可能性があり、国家競争力の低下を招きかねない。」とし、国家改造策としての地方分権を力説した。また、「国家均衡発展のための特別法案」、「地方分権特別法案」、「新行政首都建設のための特別措置法案」を一括し、早期に国会に提出する方針を明らかにした。

　まず、国家均衡発展のための特別法案である。この法案は地域間の格差の解消、地域の特徴を生かした発展を目標にしており、そのための財源として、国家均衡発展特別会計を設け、国家均衡発展関連政策の諮問を受けるために、大統領直属の国家均衡発展委員会を設置することを盛り込んでいる。

　国家均衡発展のための特別法案の審議においては、地方の財源拡大策としての意味合いもある国家均衡発展特別会計の財源問題をめぐる議論が活発化した。行政自治部は、地方の発展のためには国家均衡発展特別会計を新設するほか、新たな財源として、地方消費税などの導入が必要であるとした。しかしながら、企画予算処は、地方譲与金、特別交付税、補助金などを効率的に再分配し、競争力のある分野に集中的に投入すべきであると主張した。この問題は、大統領が議長を務める、2003 年 6 月の財政分権国政課題会議でも議論されたが、地方消費税の導入は長期的検討課題とされた。

　次に、地方分権特別法案である。これに関連して、2003 年 7 月、政府から地方分権特別法制定計画が発表された。この計画に盛り込まれた、税源移譲関連の内容を見ると、事務配分においては補完性の原則を貫き、移譲された事務の効率的な遂行のための人員の確保と財源の移譲が含まれている。これに関連し、地方公共団体の課税自主権の拡大、地方公共団体間における財政格差の是正が必要であり、そのための具体策として、地方税の新設、普通交付税法定交

付率の引き上げなどが含まれていた。

　2003年10月、「新行政首都建設のための特別措置法案」、「国土均衡発展のための特別法案」、「地方分権特別法案」など、いわゆる三大法案が国会に提出された。その中、地方分権特別法案の主な内容は次のようである。地方分権改革の推進における国と地方公共団体の役割を明確にし、地方分権改革の推進のための原則を明確にすることを目的にしている（第1条）。そして、同法には地方分権改革に関連する国と地方公共団体の役割が定められている。同法に規定された国の役割は、地方分権改革を推進するための具体策を策定し、それを実行するための行財政的措置を講じること（第5条①）、補完性の原則に基づいた事務の再配分（第6条）と機関委任事務の整理合理化及びそのために必要な法的措置を講じること（第9条）、住民投票、地方公共団体の首長に対する解職請求制度の導入のための措置を講じること（第14条）である。地方公共団体の役割としては、国が推進する地方分権改革が順調に進むよう、行財政的効率性の向上など必要な措置を講じること（第5条）が規定されている。そして、地方分権改革の効率的な推進のために、大統領直属の地方分権推進委員会を設置する（第17条）ことが盛り込まれている。

　このように、地方分権特別法案においては、地方分権改革の理念、地方分権を推進するための国と地方公共団体の役割と地方分権推進委員会の設置などについて定めている。同法案は、地方分権改革の推進に関連した一般的な内容を定め、地方分権改革の方向性を示しているだけではなく、地方分権の推進という大統領の明確な意志の表れであると考えられる。

　当時、国会で主導権を握っていたハンナラ党は、三大特別法案の審議に消極的であった。特に、地方分権特別法案とともに国会に提出された新行政首都建設のための特別措置法案に対しては、行政首都の移転は大統領の政略に過ぎないとの批判が集中し、ハンナラ党の首都圏出身議員だけではなく、非首都圏出身議員の反発も強かった。そのため、2003年11月末の国会審議においては、新行政首都建設のための特別措置法案を審議するための特別委員会を設置する案が否決されるなど、三大特別法案の成立が先行き不透明な情勢となった。

　また、国家均衡発展のための特別法案は、法案そのものの可否ではなく、条

文の文言の定義をめぐり、主に首都圏の低開発地域の地方公共団体とそれらの地域の選挙区から当選した議員の反発にぶつかった。つまり、非首都圏地域だけを地方と見做し、支援を行うのは首都圏に対する逆差別であるというのが、主な反発の論拠であった。このような動きに対し、非首都圏の市長・知事らは法案の早期成立を求める声明[44]を発表するなどの動きを見せていた。

　2003年11月になって盧武鉉大統領は、懇談会を開き、法案成立のため各政党の協力を求めるなど、法案を成立させるための積極的な動きを見せている。しかしながら、自らは民主党を離党しており、国会における自らの支持基盤は非常に弱いものであった。

　このような状況に対し、首都移転対象地域である忠清道の地方公共団体や市民団体が、法案に反対する議員を、翌年に予定されている国会議員総選挙での落選運動の対象にすると宣言するなどして強く反発した。また、「地方分権国民運動」は、法案に反対する議員に対する落選運動を行うことを明言するなど激しく反発した。そして、法案の早期成立を求める署名運動や決起大会などが各地で開かれた。例えば、2003年6月23日に行われた、新行政首都建設推進忠北人首都圏決起大会、2003年12月26日になされた、光州広域市、全羅南道の大学教授ら120人による「地方再生特別法制定光州・全南教授120人時局宣言」、そして、「地方分権国民運動」による「三大特別法の年内制定を求める一千万人署名運動」などである。

　また、「地方分権国民運動」は釜山広域市、光州広域市などの地方公共団体とともに「三大特別法」の制定を求める決起大会を開き、署名運動を継続的に展開した。

　このような動きもあって、2003年12月になると、ハンナラ党内にも亀裂が生じる。ハンナラ党の忠清道出身議員9人は、法案が成立しなかった場合、翌年に予定されている総選挙は戦えないとし、党指導部に法案の成立を強く求めた。結局、ハンナラ党指導部も態度を軟化させ、同年12月18日、国会産業資源委員長の代替案が国会に提出され、12月29日、いわゆる「三大法案」が成立した。法律の成立を受け、酒税の全額（約3兆ウォン）、一般会計転入金、過密負担金など総額5兆ウォン規模の国家均衡発展特別会計が設けられた。

本書との関連において重要な点は、国家均衡発展のための特別法案は国会での審議の過程において修正され、農漁村生活環境整備対象地域への支援が追加されたことである。要するに、地域主義の表れる嶺南、湖南地域においては、財政的に厳しい状況に置かれている農漁村が多いため、その地域への補助金の配分に好都合な形に修正されたと考えられる。

　以上の議論から注目する必要があるのは、国家均衡発展をめぐる盧武鉉大統領と国会議員の思惑はかなり異なるものであるという点である。要するに、盧大統領は首都圏への一極集中の是正策として国の均衡発展を進めようとしている。新行政首都建設のための特別措置法案と国家均衡発展のための特別法案がいわゆる三大法案に含まれているのはその裏付けになると言える。国会議員にとっては国の均衡発展は自らの選挙区への補助金増額の手段に過ぎないと考えられる。

6）不動産交付税の導入

　2005年から2007年にかけて、基礎地方公共団体の歳出額に占める社会福祉関連支出の割合は約50％増加している[45]。つまり、2004年には18.4％であったのが、2005年には27.5％、2006年には27.0％、2007年には27.4％である。不動産交付税は、普通交付税の原資を増やすための改革がなかなか進まない中、基礎地方公共団体の社会福祉関連の財政収入を補うために[46]、2006年に導入された[47]。不動産交付税の原資は2005年1月から内国税として導入された総合不動産税である。すなわち、地方交付税法（法律第7844号）第4条③には、「不動産交付税の原資は総合不動産税全額と第5条第2項の規定[48]による精算額とする。」と定められている。総合不動産税全額を原資とする不動産交付税の導入などを盛り込んだ地方交付税法一部改正法律案は2005年9月27日に国会に提出された。この法案は、国会議員143人の共同発議によるものである。共同発議者の多くはソウルや首都圏、都市部などの選挙区から当選している。不動産交付税の導入に関するこの法案は、前述の税源移譲関連の四つの法案とは異なり、国会での審議が順調に進み、2005年12月30日に国会本会議で可決されている。

(2) 李明博政権

1）税源移譲をめぐる議論

2008年1月初め、京畿道は、大統領職引継委員会に、京畿道の主な懸案問題の解決に関連する要望を行った。その中で、地方公共団体の財政難の解決と財政的自律性向上のために、大幅な税源移譲が必要であるとした[49]。

そして、京畿道議会予算決算特別委員長張ホチョル議員は、「地方に移譲された事務、特に社会福祉関連事務の遂行のためには地方消費税の導入は欠かせない。特に、京畿道は普通交付税の交付を受けていないのでその代わりになる財源は欠かせない。なので、地方消費税の早期導入を政府に要望したい[50]。」とした。

2008年1月22日、李明博次期大統領と全国市道知事協議会との懇談会の場で、全国市道知事協議会は、地方公共団体へのさらなる権限移譲と国税・地方税の調整、普通交付税法定交付率の引き上げなどの要望を行った。地方公共団体としては、政権発足直前という、大統領の権力基盤が弱まる前に地方財政の窮状を訴えることにより、局面を有利に展開させたいという思惑があったと考えられる。

李明博政権発足後の2008年6月19日、行政安全部は、「全国市道副団体長[51] 会議」を開き、所得税、付加価値税、特別消費税など国税の一部を地方に移譲し、地方消費税と地方所得税を新設する方策を議論した。この場において、行政安全部は地方公共団体の財政的安定のためには、大幅な税源移譲は欠かせないとした。そして、地方公共団体間の格差の拡大を防ぐため、地域によって異なる税率を適用することによって地方公共団体間の格差を緩和できるとした。すなわち、自主財源の割合が高い首都圏の地方公共団体での税率は、2.5％、自主財源の割合の低い他の地域の地方公共団体においては5～7.5％にするとしている。これに対し、企画財政部は「継続して議論する必要があり、長期的検討課題であるが、行政安全部の案は現実的ではない。地方公共団体に様々なインセンティブを与えることも考えられ、地方交付税を増やすことも一つの方

法であろう。」としている。また、「税源移譲によって、税法が複雑になる[52]。」として反対した。

　また、企画財政部は、2008年7月21日に発表された「地域発展政策推進戦略」において、地方公共団体の企業誘致努力の程度に応じて、法人税、付加価値税を全国平均増加率より多く徴収した地方公共団体には税収増加分の一定率をインセンティブとして当該地方公共団体に配分する、「地域発展インセンティブ」制度を導入すれば、これが地方所得税、地方消費税の代替案になるため、地方所得税、地方消費税の新設は当分保留する[53]。」とした。これに対し、行政安全部は地域発展インセンティブ制度とは別に、地方消費税、地方所得税の導入を目指すとしている。

　行政安全部は、地方消費税と地方所得税導入案として二つを用意していた。まず、法人税と所得税の一部である、6兆6千億ウォンを地方所得税として、付加価値税と特別消費税の一部である4兆7千億ウォンを地方消費税としてそれぞれ導入する案を策定していた。この二つを同時に新設すると、税源移譲額は約11兆3千億ウォンに上る（1案）。また、酒税、特別消費税、付加価値税の一部を地方消費税として移譲した場合は、移譲額は約4兆4千億ウォンに上る（2案）。

　これらの一連の動きに対して、2008年7月21日、姜萬洙企画財政部長官は、「地方所得税や地方消費税を導入すると、豊かな地域と財政的に厳しい地域間の格差がさらに深化する。これは学界の研究結果でも確認されたことである[54]。」とし、地方所得税と地方消費税の導入に消極的な立場を示した。

　また、税源移譲の切り札として出された地方消費税の導入に対しても、その原資として考慮されていた付加価値税そのものや格差の緩和策として提示された、インセンティブを与える案をめぐって批判の声が上がった。付加価値税は、他の国税に比べれば、地域による税収の格差が少ないとされ、その一部が税源移譲の対象として検討されていた。しかしながら、その付加価値税においても実際の税収額を見ると、地域によって税収額の差は非常に大きい。2007年度における付加価値税収額の差は、例えば、ソウル地方国税庁で徴収した付加価値税は約7兆9千億ウォンであったが、釜山地方国税庁で徴収したのは

約690億ウォンに過ぎず、その差は115倍に達している。そして、中部地方国税庁は約1兆7千億ウォンでソウル地方国税庁の22.3％に過ぎなかったが、釜山地方国税庁に比べ、25.8倍であった。このように付加価値税においても地域によって税収額の差が大きい。この差を補うため、行政安全部は民間最終消費支出の割合による付加価値税の地方公共団体への配分も検討している。例えば、首都圏は100％、非首都圏の広域市は250％、首都圏以外の道については、500％を適用する案である。しかしながら、この案に対しては、首都圏の地方公共団体で当選した国会議員が首都圏に対する逆差別であると反発している[55]。

　次に、国会議員の動きである。ハンナラ党の任太熙政策委員長は、2008年8月28日、ハンナラ党所属議員の会合において、「税源移譲を行うと地域間における税収の格差が大きくなるので、税源移譲によって地方税を増やすより、国税として徴収し、地方に配分する方式が現実的である[56]。」とし、税源移譲に反対の立場を明確にした。

　このような国会議員からの反発にぶつかり、行政安全部は、2008年10月9日、譲歩案を打ち出した。すなわち、国税の酒税と飲食、宿泊分の付加価値税、競馬場や遊興・飲食店などで徴収される特別消費税を地方に移譲し、既存の地方税のタバコ消費税とレジャー税を統合し、地方消費税を新設する案、また、地方所得税については、国税の法人税と所得税に課税される付加税方式の地方税である「所得割住民税」を独立税として新設する案を提示した。これは、当初の案より、61％縮小された金額である。これは、国家議員の反対にぶつかり、その規模が縮小されたものである。行政安全部はその後も地方消費税の導入を検討しつづけるなどの動きを見せていた。

　このような動きに対して、進歩新党は、「総合所得税収の70％、勤労所得税収の67％、譲渡所属税収の81％、法人税収の76％が首都圏に集中している状況において、地方への税源移譲がなされると税収の首都圏への集中が更に深化し、首都圏は私腹を肥やし、首都圏以外の地方公共団体は滅びてしまう[57]。」と強く反発した。

　そして、2008年11月10日、ハンナラ党の任太熙政策委員長は、市道知

事政策協議会[58]において、「地方所得税、地方消費税などの地方の自主財源確保策を議論してきたが、2009年度の予算編成には間に合わない。」とした。また、「2009年度以降においても継続して検討したい。」とし、「地方公共団体間の格差是正のための方策もともに議論すべきである。」とした。そして、同日、民主党の崔仁基議員も「地方所得税、地方消費税は首都圏と地方、広域市と道の間の格差を広げるだけである[59]。」とし、税源移譲に対して反対の立場を示した。

また、2008年11月11日のハンナラ党院内対策会議[60]において、任政策委員長は、「3ヶ月前、予算編成の段階で、タバコ税、酒税、遊興店出入税などを地方消費税、地方所得税として地方に移譲する問題を協議したが、地方公共団体間におけるこれらの税収格差が大きいため、地方が猛反発しており、地方消費税、地方所得税の導入は事実上難しい。」とした。そして、同日、金東洙企画財政部第一次官は、「地方消費税や地方所得税の導入が議論されているが、これは自主財源が増える側面がなくはないが、地域間における格差がさらに拡大し、税制も複雑になるなど副作用がかえって大きくなる。そのため、より慎重に、長期的に検討する必要がある[61]。」とした。

そして、ハンナラ党の許泰烈[62]議員は、2008年12月10日、ハンナラ党の会合において、「地方所得税、地方消費税を新設すると、政府は税収移譲分の地方交付税と補助金を削減する可能性が高いので、地方公共団体の財源自体はあまり増えないであろう[63]。」とし、税源移譲に反対の立場を明確に示した。これらの国会議員の一連の動きから、絶対に補助金は手放したくないという国会議員の思惑が伺える。

その後も、地方公共団体は地方消費税の導入を求め続けた。金ソンニョン京畿道税制室長は、「首都圏だからと言って最近の景気低迷の影響から自由にはなれない。なので、政府は早期に地方消費税を導入してほしい[64]。」とした。また、2009年7月3日、全国市道知事協議会は声明を発表し、地方公共団体の財政的自律性向上のために、税源移譲とともに、地方公共団体が自由に地方税の税率を決める余地を増やすべきであるとした。

2）地方消費税の導入

　議論だけがなされ、実現には至っていなかった地方消費税の導入は、2008年9月のリーマンショックによってもたらされた世界規模の景気低迷と2008年11月13日に、総合不動産税法の一部の条文を憲法違反とする判決[65]が出されたことによる地方公共団体の財政収入激減の懸念から、実現に向けて動き出す。

　2009年9月30日、政府は地方消費税の導入を盛り込んだ地方税法一部改正法律案を国会に提出した。

　この法案の主な内容は、付加価値税の5％を地方消費税として地方公共団体に移譲し、民間最終消費支出の割合によって地方消費税を各地方公共団体に配分する。そして、税源移譲による中央政府の財源不足を補うため、約3,634億ウォンの教育財政交付金を削減するものであった。同法案についての国会行政自治委員会の検討報告[66]によると、民間最終消費支出の割合によって地方消費税を各地方公共団体に配分するとしているが、首都圏の地方公共団体と非首都圏の地方公共団体間における付加価値税収額の格差が大きいため、首都圏以外の地方公共団体の財源増大の効果はあまりないとした。また、教育財政交付金の削減によって地方財政は大きな打撃を受けるであろうとされ、それへの対策が必要であると指摘した。

　結局、2009年12月31日、国会行政自治委員長代替案として、地方税法一部改正法律案が国会に提出され、同日可決された。これによって、国税の付加価値税の5％を原資とし、これを地方に配分するための地方消費税が導入された。この法律の提案理由によると、世界規模の景気低迷を考慮すると、地方公共団体が財政的窮状を乗り越えるための措置が必要であるとされている。

　予算財政当局は、移譲の規模に関係なく税源移譲に反対していた。しなしながら、地方消費税の導入を阻止できなかった。その理由として、公務員に対する大統領の幅広い人事権を上げることができる。国家公務員法第32条①には「行政機関に所属する5級以上の公務員[67]及び高位公務員団[68]に所属する一般職公務員は、所属長官の推薦により、行政安全部長官との協議を経てから、国務総理を経、大統領が任命する。」と定められている。そのため、大統領の官

僚人事権を考慮すると、地方分権改革に対して、反対し続けた場合、不利益を被る可能性が高い。

　一例を挙げると、2008年2月の李明博政権の発足とともに企画財政部長官に任命された姜萬洙は、李大統領が進めようとしている抜本的な税源移譲に消極的な立場を示していた。彼は、2009年1月19日の内閣改造によって、在任一年足らずで更迭された。彼は、税源移譲が進まないことと景気対策の不十分さへの責任を問われて更迭され、その後任には尹増鉉金融監督院長が任命された。

　地方公共団体の財政的自律性の向上に役立つ抜本的な税源移譲のためには、国税の20～30％の税源移譲が必要であるとされている[69]。しかしながら、移譲されたのは国税の一つである付加価値税の5％に過ぎない。また、地方消費税は、一応、地方税とはいうものの、各地方公共団体が自ら徴収するものではない。要するに、課税権の移譲ではなく、従来の付加価値税納税者が付加価値税を納付すれば、その中の5％を地方消費税として広域地方公共団体に配分し、その一部を各広域地方公共団体がそれぞれの広域地方公共団体内の基礎地方公共団体に、財政補填金という形で配分するものである[70]。つまり、付加価値税の5％を原資とし、各広域地方公共団体における最終消費支出の比率に基づき、首都圏の広域市と道には100％、非首都圏の広域市には200％、非首都圏の道には300％の加重値をそれぞれ与え、地方消費税額を算定し、配分するものである。

1　大統領秘書室、2000年。
2　2002年4月19日の光州日報創刊50周年記念記者会見での発言
3　大統領職引継委員会、2003年、50頁。
4　大統領秘書室、2004年。
5　これは盧武鉉政権の最も重要な国政方針である。「参与政府」における参与は「参加」の意味である。以下、同様である。
6　大統領秘書室、前掲演説文集。

第5節　地方分権改革をめぐる議論と政策展開　111

7　大統領秘書室、前掲演説文集。
8　2006年10月には第4期地方移譲推進委員会が発足した。同委員会委員の任期は2年と定められているため、2年ごとに委員が交替し、委員の数が増える場合はあるが、活動状況における大きな違いはない。
9　政府革新地方分権推進委員会、2004年、43頁。
10　政府革新地方分権推進委員会、前掲報告書、117頁。
11　大統領秘書室、2005年。
12　大統領秘書室、2009年。
13　嶺南日報、2008年12月3日付。
14　2006年10月、第4期地方移譲推進委員会が発足した。
15　中央行政権限の地方移譲の促進等に関する法律第6条。
16　同法第7条。
17　地方分権促進委員会、2010年。
18　西尾、1999年、41頁。
19　李ジンスン、2010年。
20　ハンキョレ新聞、2003年1月15日付。
21　国会における羅午淵議員と田允喆副総理兼財政経済部長官の発言については、東亜日報、2003年2月11日付。
22　地域主義の表れる、農村部の慶南梁山選挙区で当選している。
23　忠北経実連(経済正義実践市民連合)、2003年3月6日付報道資料。
24　ハンキョレ新聞、2003年6月13日付。
25　2005会計年度
26　20%台への引き上げ。
27　マネートゥデイ、2006年10月16日付。
28　市長、郡守、区長。
29　20%以上への引き上げ。
30　日本の固定資産税に相当する。
31　この制度の詳細については、本書151-154頁を参照のこと。
32　この記者会見でなされた発言については、ソウルニュース、2007年7月6日付。
33　E-Daily、2007年8月23日付。
34　韓国国会議案情報システム
35　林ソンイル・趙キヒョン・徐ジョンソプ、2006年。
36　国会行政自治委員会(第255回臨時国会)会議録。
37　韓国国会議案情報システム
38　詳細については、地方移譲推進委員会、2003年；2007年。
39　例えば、2006年現在のデータを見ると、基礎生活保障(日本の生活保護に当たる)受給者の数は京畿道が最も多く、それに次いでソウルが多い。つまり、京畿道では約20万3千人、ソウルでは約19万2千人である。
40　地方交付税法付則(2004年12月30日、法7257)②「分権交付税の運営期限等」

41 地方交付税法付則(2004年12月30日、法7257)②「分権交付税の運営期限等」
42 ここでの事実関係と時系列的な流れについての記述は、河正鳳、2004年。を参考にした。
43 2002年5月に釜山日報社が行った世論調査の結果によると、李會昌候補の支持率は50.4%で、盧武鉉候補は30%であった。
44 2003年10月30日の非首都圏の13の市・道知事らによる声明。
45 郭チェギほか、2008年。
46 地方交付税法一部改正法律案の提案説明
47 地方交付税法(法律第7844号)第3条。
48 内国税予算額及び総合不動産税予算額とそれぞれの決算額の差額。
49 南楊州ニュース、2008年1月7日付。
50 京畿福祉新聞、2008年11月10日付。
51 副市長、副知事
52 時事一番地ポリニュース、2008年6月30日付。
53 ソウル経済新聞、2008年7月21日付。
54 ソウル経済新聞、2008年7月21日付。
55 朝鮮日報、2008年8月20付。
56 東亜日報、2008年8月29日付。
57 Oh My News、2008年11月5日付。
58 この協議会における任政策委員長の発言については、Newsway、2008年11月10日付。
59 国民日報、2008年11月11日付。崔議員は農村地域である羅州・和順選挙区で当選している。
60 この会議における任政策委員長の発言については、毎日経済新聞、2008年11月11日付。
61 KBS(韓国放送公社)のラジオ番組に出演して行った発言。
62 彼の選挙区は地域主義の表れる釜山であり、当選3回である。
63 中央日報、2008年12月10日付。
64 畿湖日報、2009年4月29日付。
65 家族が所有する不動産などを合算して税額を計算することが違憲と判断された。
66 韓国国会議案情報システム
67 日本のキャリアーに相当する。
68 3級以上の公務員で構成される。
69 学界の主張では、国税の20〜30%以上の税源移譲が必要とされている。例えば、李在殷、2003年。
70 地方財政法第29条。

第6節　分析

1．制度

　ここでは、前述の制度の定義に注意しつつ、地域主義に注目し、五つの要素にわけ、分析を進める。それは、アクター、フォーマルなルール、アクター同士の相互作用、アクターの戦略、これらすべての根底にある共有された予想である。この五つの要素は相互に関係しており、補強しあっている。

（1）二元的民主的正統性

　1）アクター
　民主化以前の韓国政治の舞台においては、大統領がほぼ唯一のアクターであったと言っても過言ではない。そして、国民は統治の対象に過ぎなかった。また、国会は大統領の都合の良いように動かせる操り人形のような存在に過ぎなかったと考えられる。しかしながら、民主化以降においては、アクターとして、大統領だけではなく、国会と国民も韓国政治の表舞台に新たに登場してきたと言える。また、国会と国民が政治の表舞台に登場してきたことにより、政策形成のプロセスにおける大統領の役割は、民主化以前に比べ、非常に限定的なものになったと考えられる。

　2）フォーマルなルール
　ここでは、二元的民主的正統性に関連するフォーマルなルールとして、憲法の規定を中心に検討する。以下においては、大統領の直接選挙に関する規定、5年単任の大統領制の規定、国会の大統領への影響力に関連する規定、大統領の国会への影響力に関連する規定、大統領と国会議員の任期に関する規定、大

統領選挙や国会議員選挙などの時期が法定であること、アメリカの大統領とは異なり、韓国の大統領は国会への法案提出権があること、そして、現行の憲法になってはじめて、大統領の国会解散権がなくなっていることなどを検討する。

第一に、大統領の直接選挙に関する規定である。憲法第67条①において、「大統領は国民の普通・平等・直接・秘密選挙によって選出する。」と定められている。

第二に、5年単任の大統領制の規定である。憲法第70条において、「大統領の任期は5年とし、重任できない。」と定められている。そのため、韓国の大統領は5年ごとに例外なく、必ず交替する。

第三に、国会の大統領への影響力に関連する規定である。

その最たる例が、大統領に対する弾劾訴追である。憲法第65条①には、非常に例外的な場合ではあるが、非常に強力な、国会による政府に対する牽制手段が設けられている。すなわち、「大統領、国務総理、国務委員、中央省庁の長、憲法裁判所裁判官、裁判官、中央選挙管理委員会委員、監査院長、監査委員、その他法律の定める公務員がその職務の執行において憲法や法律に違背した時には、国会は弾劾の訴追を議決できる。」と定められている。大統領に対する弾劾訴追は、その他の公務員に対する弾劾訴追よりも要件が厳しく、発議には国会在籍議員過半数の署名、可決のためには3分の2以上の賛成がそれぞれ必要である（憲法第65条②）。

第四に、大統領の国会への影響力に関連する規定である。まず、大統領は行政権が属する政府の首班である（第66条④）だけではなく、政府も法案を国会に提出できる（憲法第52条）。この点、法案の提出権がないアメリカの大統領とは異なる。

そして、大統領は国会で可決された法案に対する拒否権を持つ（憲法第53条②）。韓国における大統領の拒否権においては、法案の一部に対する拒否権の行使（line item veto）や修正案の提出は認められておらず（憲法第53条③）、包括的な拒否権である。ただし、国会は、在籍議員の過半数の出席と出席議員の3分の2以上の賛成で同じ法案を可決し直せば、大統領の拒否権を覆すことができる（憲法第53条④）。また、大統領は、国会議員を国務総理や国務委員に任命できる。国務総理と国務委員から構成される国務会議は政策の審議機関（憲

第6節　分析　115

法第88条①、②)で、大統領にとって、青瓦台と並ぶ国政運営の機軸である。この国務会議の議長は大統領で、副議長は国務総理である（憲法第88条③)。

　第五に、韓国の大統領の任期は5年であり、国会議員の任期は4年である（憲法第42条)。そして、その選挙の時期は法定である。つまり、公職選挙法第34条（選挙日）には、「①任期の満了に伴う選挙の選挙日は次の各号の通りである。1. 大統領選挙はその任期が満了する70日前以降の第一回目の水曜日 2. 国会議員選挙はその任期が満了する50日前以降の第一回目の水曜日」と定められている。そのため、表2－13のように、大統領の任期の途中に国会議員選挙が実施される。

表2-13　選挙の時期

	大統領の在任期間	国会議員選挙	
金泳三	1993年2月～1998年2月	第16代国会	2000年4月
金大中	1998年2月～2003年2月	第17代国会	2004年4月
盧武鉉	2003年2月～2008年2月	第18代国会	2008年4月
李明博	2008年2月～2013年2月	第19代国会	2012年4月

・筆者作成

　ほかに、大統領は行政権が属する政府の首班である（第66条④）だけではなく、政府も法案を国会に提出できる（憲法第52条)。大統領は自ら署名した法案を政府案として国会に提出できる。この点、法案の提出権がないアメリカの大統領とは異なる。そして、現行の憲法になってはじめて、大統領は国会を解散することができなくなった。軍事政権時代の1972年10月には朴正熙大統領によって国会が解散させられ、戒厳令が敷かれたが、現行の憲法においては、大統領が国会を解散できる権限そのものがなくなった。

3）アクター同士の相互作用と戦略

　まず、本書において二元的民主的正統性に注目する理由は、民主化以降における国会の位置づけを明確にするためである。そこで、注目する必要があるのは民主化以降の政策形成プロセスにおける大統領の影響力が著しく低下したこ

とである。

①民主化以前
　ここで紹介するのは釜山市都市高速道路建設のケースである。
　まず、釜山市は、都市交通問題の解決のために中央広路建設計画を策定した。中央広路は、釜山税関から釜山市内を通り、京釜高速道路ICを結ぶ予定であった。釜山市内の交通渋滞の緩和のために1970年に着工し、1972年開通を目標に、中央都市計画委員会の承認を得たが、交通部の反対にぶつかる。交通部の反対理由は次の通りである。中央広路計画によると、釜山駅を釜田洞に移さなければならず、しかも、凡一洞にある操車場も移転しなければならないということであった。交通部の強い反対に直面し、釜山市は、代替案を探らざるを得なくなった。
　新しい高速道路の建設が遅々として進まない中、交通渋滞は更に深刻化し、港町の釜山市にとっては、港から市内や高速道路を結ぶ貨物の輸送網の整備が緊急の課題となった。このような状況の下、1976年10月に、都市高速道路1号線建設計画が策定された。しかし、この際、釜山市は膨大な建設費を全額賄うことは不可能であったため、当時の朴正煕大統領に要望し、国費支援の許可を得た。釜山港開港以来、最大の建設工事である都市高速道路は、1977年5月に着工された。
　都市高速道路の着工後、釜山市は、当初の路線を変更せざるを得なくなった。当時、陸軍軍需司令官は、軍事保安の観点から、都市高速道路の路線を、陸軍軍需司令部を通過する路線からそれを迂回する路線へと変更するよう、国防部を通じて大統領に要望した。大統領はその要望を受け入れ、釜山市に路線の変更を指示し、ただちに路線は変更された。
　このケースからもわかるように、軍事政権時代の韓国においては、地方公共団体には政策形成における自律性がまったくなく、最高権力者の指示通りに動かざるを得ず、地方公共団体は一種の下部組織に過ぎなかった。
　このように、軍事独裁政権の下においては、大統領とほかのアクターとの相互作用は「領導者[1]」という大統領の位置づけからも推測できるように、大統

第6節　分析　117

領による指示や独断専行に他のアクターが追従するようなものであった。また、国会は大統領に従属し、支配されていたにすぎなかった。大統領の指示や独断専行に追従しない場合はいわゆる場外闘争による民主化運動を展開し、それによる政権の打倒と民主化を目指していた。

②民主化以降

　しかしながら、民主化以降においては、国会は国民にとっての複数の代理人の一人になり、国民の代理人の一人として同じ代理人である大統領を牽制し、影響力を持つことができるようになったと考えられる。以下においては、この点を検討するために国会議員と大統領の戦略に注目する。

　まず、国会議員の戦略を検討する上で非常に重要なデータであると考えられるのは、国会に提出された法案の処理状況である。韓国においては、大統領も自らが署名した法案を政府案として国会に提出できるが、政府案と議員立法ではその処理状況における違いがある。

　第16代国会（2000年6月～2004年5月）においては、議員立法による法案1,912件が国会に提出され、514件が可決された。その中、原案通り成立したのは284件（55.25％）、修正可決されたのは230件（44.75％）である。一方、政府によって595件の発案があり、その中、431件が可決されている。その中で、117件（27.14％）が原案通り成立しており、314件（72.86％）が修正可決されている。

　第17代国会（2004年6月～2008年5月）を例に見ると、議員立法による法案6,387件が国会に提出され、1,350件が可決された。その中、原案通り成立したのは823件（60.96％）、修正可決されたのは527件（39.04％）である。一方、政府によって1,102件が提出され、その中、563件が可決されている。その中で、131件（23.26％）が原案通り成立しており、432件（76.74％）が修正可決されている。政府案と議員立法における修正率の差は大きい。これは、議員立法に比べ、大統領自らが署名した政府案が国会の審議の段階で修正されて可決されることが多いことを示しており、民主化以降における国会の大統領への影響力を裏付けるデータであるといえる。また、これは民主化以降の国会

の法案採決における一貫した傾向である。
　次に、国会による大統領に対する牽制である。国会による大統領牽制策として最も強いのは弾劾訴追である。国会による大統領弾劾訴追というのは、国会に大統領の独断専行を牽制させるために、国民が予め憲法に書き込んだ制度の一つであると考えられる。つまり、国会による盧武鉉大統領弾劾訴追は憲政の中断や国会によるクーデターではなく、現行の憲法が予定しているある種の帰結である。
　国会による大統領弾劾訴追は、少なくとも憲法の規定上は、「領導的大統領制」と言われる1972年憲法においても可能であった。しかしながら、大統領に対する弾劾訴追よりも要件の緩い大法院[2]長や検察総長に対する弾劾訴追ですら、過去8回、表決に付されたが一度も可決されたことがない。盧武鉉大統領は韓国憲政史上、国会で弾劾訴追案が可決された初めての大統領である。以下、その一連の流れを検討する[3]。
　2002年12月に大統領に当選した盧武鉉は、2004年4月の第17代国会議員総選挙を控えた2003年11月、民主党を離党し、開かれたウリ党を結党した。これに対し、民主党の趙舜衡代表は「大統領が選挙運動をしようとするのは憲法と法律違反であり、弾劾訴追の対象になる。」、「大統領が「民主党に投票すれば、ハンナラ党に投票するようなものである。」と発言し、選挙への介入を続ければ、民主党は弾劾訴追案の発議も辞さない。」とした。また、ハンナラ党の崔炳烈代表も「不法官権政治と工作政治をやめなければ、大統領弾劾訴追を含む、すべての対応策を講じる。」とした。このような警告にもかかわらず、2004年2月24日、盧武鉉大統領は、韓国放送記者クラブでの会見において「国民の皆さんが総選挙で開かれたウリ党に圧倒的な支持を送って下さることを期待します。」と発言した。この発言に対し、中央選挙管理委員会は盧大統領の選挙中立義務違反との判断を下した。これを受け、2004年3月9日、野党ハンナラ党と民主党議員など159人が署名した盧武鉉大統領弾劾訴追案が国会に提出された。趙民主党代表は、盧大統領が選挙に介入しないと約束すれば、国会に提出された弾劾訴追案を取り下げるとしたが、盧大統領はこれを拒否した。結局、2004年3月12日、弾劾訴追案の採決が行われ、在籍

議員271人の中、195人が採決に参加し、賛成193票、反対2票で可決された。国会での盧武鉉大統領に対する弾劾訴追案の可決から、2004年5月14日、憲法裁判所における弾劾訴追請求に対する判断が下されるまでの63日間盧武鉉大統領は職務停止に追い込まれていた。ほかに、国会による大統領に対する牽制の事例として、たとえば、2002年7月31日には、張裳国務総理任命同意案、同年8月28日には、張大煥国務総理任命同意案、そして、2003年9月26日には、尹聖植監査院長任命同意案がそれぞれ国会本会議で否決されたことがある。

　次に、大統領による国会議員の牽制である。民主化以降の大統領にとって、国会議員を牽制するための手段は非常に限られたものである。まず、大統領の国会解散権についてである。前述のように、1972年に朴正煕大統領が国会を解散したが、現行の憲法では、大統領の国会解散権そのものがなくなった。

　そして、分割政府についてである。

　民主化以降においては、1988年4月の第13代国会議員総選挙の頃から2008年4月の第18代国会議員総選挙の頃まで、一部の時期を除き、分割政府の状態が続いた。分割政府の状態が続いたというこの事実は民主化以降の韓国の政策形成プロセスにおける大統領の影響力を分析する上で非常に大きな意味があると考えられる。

　国会議員選挙において、大統領の所属する政党が敗北し、分割政府になると、大統領は党籍を持つ理由が弱まる。そうなれば、大統領は国会議員のせいで物事が進まないことを強調し、国会を悪者に仕立て上げ、国民に直接訴えるために離党し、支持率の上昇を狙う戦略を駆使できる。例えば、2007年2月、盧武鉉大統領は離党を宣言した場において、「大統領が政党による政争の道具として利用されている政治風土を克服できず、残念だ[4]。」とした。実際、盧武鉉大統領が離党した直後、盧大統領の支持率が上昇している[5]。

　民主化以降の韓国の大統領4人（盧泰愚、金泳三、金大中、盧武鉉）とも、任期末になって「国民の大統領になるために」離党している。

　以上の分析から、民主化以降の韓国における大統領が駆使できる戦略は限られたものであると考えられる。

4）共有された予想

　二元的民主的正統性の根底にある共有された予想としては、第一に、「大統領は5年ごとに必ず交代する。」、第二に、「軍事独裁政権への逆戻りはできないであろう。」を提示する。

　まず、韓国においては、現職の大統領は5年の任期をまっとうすると、次の大統領選挙には立候補できない。当然、政治の表舞台からも姿を消す。そのため、大統領はできるだけ任期中の早い時期に政策的成果を上げようとするが、政治的負担の大きな政策はできるだけ先送りしようとする。実際、2008年11月17日の関係省庁長官会議において、アメリカ産牛肉輸入再開という結論が出たが、実際の輸入の再開は見送られた。また、李明博大統領は2011年の新年の辞において、「一気呵成に一致団結して危機をチャンスに変え、一気に先進国の仲間入りを成し遂げるべきである[6]。」とした。この発言は自らの任期中にできるだけ国政における成果を出したいという意志を表したものであると考えられる。

　このような、5年単任の大統領制の限界は盧武鉉大統領自らの発言からも確認できる。盧武鉉大統領は、2007年2月22日、開かれたウリ党からの離党を宣言した場において、単任大統領の限界を指摘した。つまり、単任大統領制の下においては、「野党が大統領を攻撃するのは選挙戦略として有利であるから、大統領が集中砲火の標的になるのは当たり前であるが、現職の大統領は次期大統領候補ではないので、野党と闘いにくい。与党も大統領を庇うのではなく、適当に距離を維持しつつ、次の選挙のことを考えるのが有利な構造である[7]。」とした。

　また、政権の初期段階においては、大統領の求心力が強く、大統領の役割や政策志向が重要であると考えられる。しかしながら、時間が経つにつれ、いわゆるレイムダック現象が深化し、大統領任期満了1～2年前頃になると、政党内はもちろん、世論も各政党における次の大統領選挙の候補者選びに関心がシフトする。そして、各政党内においては、次の大統領候補の擁立を巡り、激しく対立し、様々な利害関係が錯綜する。そのため、政党内において、国会議員に対する大統領のコントロールは殆ど効かなくなる[8]。

第6節　分析　121

次に、「軍事独裁政権への逆戻りはできないであろう。」という予想である。前述のように、1987年の民主化宣言は、軍事政権時代から継続的に行われた民主化運動の成果である。そして、民主化運動が大きな犠牲を伴うものであったことはいうまでもない。そのため、国民の力で勝ち取った民主主義の意味は韓国社会において非常に大きく、民主主義体制を維持・発展させるべきで、軍事独裁政権に逆戻りしてはいけないというコンセンサスが形成されていると考えられる。そして、軍事政権時代のように、選挙に介入し、強硬手段[9]に出ると民主主義の敵と厳しく非難される可能性が非常に高い。

（2）地域主義

1）アクター
　元々地域主義は、民主化以降の韓国の選挙における有権者の投票行動を説明するものである。つまり、有権者の地域主義的投票行動によって、地域主義が顕在化するのである。そのため、アクターとしては、有権者、国会議員、政党などを挙げることができる。

2）フォーマルなルール
　地域主義に関連するフォーマルなルールとしては、国会議員の直接選挙に関する憲法の規定（憲法41条①）と、公職選挙法の規定としては、国会議員を選挙区ごとに選出することを定めた規定、小選挙区制に関する規定、政党による候補者の推薦を定めた規定などがある。
　すなわち、公職選挙法には、第20条③において、「地域区国会議員は当該議員の選挙区を単位にして選出する。」と規定されており、第21条②では、「一つの国会議員地域選挙区で選出される国会議員の定数は一人とする。」と定められている。そして、第47条①においては、「政党は選挙において選出される定数の範囲内でその党員を候補者として推薦できる。」と定められている。
　このような規定が重要であるのは、有権者が選挙区単位で直接投票を行うことによって地域主義という投票行動が表れるためである。また、政党による候

補者推薦に関する規定は、後述の党内秩序維持システムの構築と非常に密接な関連がある。

3）アクター同士の相互作用と戦略

まず、有権者と政党や国会議員との相互作用に注目する。民主化以降の韓国社会においては選挙が非常に大きな意味を持っている点を指摘できる。選挙における有権者と政党や国会議員との関係においては有権者による特定の国会議員や政党への投票によって、特定の国会議員と政党は自らの正統性が確保できる。そして、その正統性に基づき、国会議員や政党は自らの支持基盤への利益誘導を行うことができ、そのような利益誘導を正当化することができる。

地域主義の下においては、有権者の出身地域によって殆ど例外なく、常に同じようなパターンで支持政党が選択されており、それに応じた利益誘導も地域という軸に基づいてなされているという点については注目する必要がある。

次に、有権者、政党、国会議員に分けてそれぞれの戦略を検討する。

まず、有権者の戦略である。地域主義を背景とした政党の対立構造の下では、有権者はその利益を保全、増進するために一番有利と考えられる候補者を選ぶ。国会議員は補助金などの配分でこれに応える。こうした構造に有権者が不満を表わす戦略としての無所属候補への投票がありうる。しかし、それは有効に機能していない。

表2－14のように、第15代から第18代までの国会議員総選挙において、毎回、無所属当選者が出ている。韓国の地域主義の下においては、特定の地域において、支持を独占する政党と徹底的に排除される政党が非常に明確である。また、特定の地域において徹底的に排除される政党は、不満の捌け口としてもあまり考慮されていない。例えば、2000年4月に実施された第16代国会議員総選挙において、湖南（全北、全南、光州）と嶺南（慶南、蔚山）両地域ともそれぞれ敵対する政党の候補者は一人も当選していない。そのため、無所属候補に投票するのは既存の政党や国会議員に不満を持つ有権者であると考えられる。

つまり、表2－15から、現役の国会議員に対する満足度と選挙における支

表2-14　地域別の無所属当選者の数　　　　　　　　　　　　　　（単位：人）

		第15代 1996年	第16代 2000年	第17代 2004年	第18第 2008年
非地域主義	ソウル	1			
	京畿	2			1
	仁川				1
	江原				3
	忠北	1			
	忠南				1
	大田				
	済州				
小　計（A）		4			6
地域主義（湖南）	全北		1		2
	全南		2	1	3
	光州		1		1
地域主義（嶺南）	慶北	5		1	5
	大邱	3			1
	慶南	4			1
	釜山				5
	蔚山		1		1
小　計（B）		12	5	2	19
合　計（A＋B）		16	5	2	25

・出処：中央選挙管理委員会ホームページを参考に筆者が作成。

表2-15　国会議員に対する満足度（第16代国会議員総選挙）　　（単位：％、人）

支持した候補の所属政党	議員に対する満足度				N
	非常に満足	満足	不満足	非常に不満足	
ハンナラ党	5.3	60.5	32.8	1.4	357
新一千年民主党	1.1	55.9	40.7	2.2	270
自由民主連合	0	52.0	46.0	2.0	50
その他の政党	0	52.6	47.4	0	19
無所属	4.8	32.3	56.5	6.5	62

・出処：康元澤、2003年、195頁。

持候補との関係を見ると、ハンナラ党、民主党候補の支持者は比較的満足度が高いが、それに比べ、無所属候補の支持者は満足度が低い。例えば、ハンナラ党候補支持者の65.8％、新一千年民主党支持者の57．0％が満足[10]しているということがわかる。しかし、無所属候補支持者の場合、満足しているのは37.1％に過ぎず、56.5％が「不満足」、6.5％は「非常に不満足」と答えており、63.0％の有権者が現役の国会議員に対して不満を抱いていることがわかる。

地域主義の下、各地域から排除される政党が明確にされ、支持政党の選択において制約がある中、一見地域と関連がなさそうな無所属候補への投票がなされ、当選者が出るということは、地域主義の表れる地域の有権者にとっての、現実の政治に対する不満の捌け口としての無所属候補の存在があると考えられる。このような傾向は、表2－16のように、無所属候補者の得票率が物語っている。例えば、第16代国会議員総選挙においては、湖南（全北、全南、光州）、嶺南（慶南、蔚山）などにおいて、無所属候補の得票率がほかの地域に比べてかなり高い。第17代においても同様である。

しかしながら、このような一部の有権者の現実の政治に対する不満は国会議

表2-16　歴代の国会議員総選挙における無所属候補者の得票率　　　　（単位：％）

		第15代 1996年	第16代 2000年	第17代 2004年
非地域主義	ソウル	3.1	1.6	1.4
	京畿	6.6	4.7	1.8
	仁川	5.9	3.2	2.5
地域主義（湖南）	全北	5.7	27.4	11.8
	全南	9.3	27.4	10.5
	光州	3.4	26.1	3.4
地域主義（嶺南）	慶北	33.3	8.4	15.1
	大邱	29.7	9.2	5.8
	慶南	28.7	21.9	8.1
	釜山	11.7	7.5	4.4
	蔚山	―	24.4	0.5

・出処：中央選挙管理委員会ホームページを参考に筆者が作成。
・蔚山は1997年に広域市として誕生した。

員の政策志向の変更を求めるメッセージとして国会議員に伝わるとは考えられない。それは、第 15 代から第 18 代まで無所属で立候補して当選した殆どの議員が古巣に戻っており、特に、第 18 代国会議員総選挙において無所属で当選した 25 人の中、13 人が、選挙からわずか四ヶ月後の 2008 年 8 月、古巣のハンナラ党に復党した。そして、第 18 代国会議員総選挙においてハンナラ党の公認からはずれ、親朴連帯の旗を掲げて立候補し、当選した 6 人も古巣に戻っている。親朴連帯は軍事政権時代の朴正煕大統領の娘である朴槿恵氏を中心にしており、朴槿恵氏の支持基盤である嶺南の有権者の支持を集めることを狙っている。つまり、韓国における無所属での立候補は国会議員自らの政策志向を貫くためではなく、政党の公認からはずれた場合の一種の危機管理策としての意味しかないと考えられる。

　そして、それが国会議員の再選にとって支障をきたすものではなく、次の選挙で地域主義の援護を受けられるような政党の公認を受けることができればあまり問題にならない。

　次に、地域主義の下における政党の戦略である。

　ここで検討するのは選挙における候補者公認に関連する政党の戦略である。

　地域主義により、政党は地域ごとに棲み分けが可能になり、それぞれ地域ごとに確固たる支持基盤を確保できる。また、有権者の投票行動は政党で枠づけられており、嶺南、湖南で拒否される政党は明確である[11]。嶺南地域においては湖南政党の候補者は選択肢としてあまり考慮されておらず、湖南地域においては嶺南政党の候補者は選択肢として考慮されていない[12]。そのため、地域主義が表れる地域における選挙の結果は高い確率で予測できるのである。選挙における候補者の公認状況を見れば、これらの点が非常に明確である。

　表 2 - 17 は、1998 年 6 月に行われた、第 2 回統一地方選挙における各政党の候補者公認状況である。嶺南を支持基盤とするハンナラ党の場合、湖南地域の基礎地方公共団体の首長選挙には定数 41 に対し、一人しか公認していない。そして、広域地方公共団体議員選挙においても、湖南を支持基盤とする国民会議[13] は、湖南地域の定数 102 に対し、すべての選挙区に公認をしているが、ハンナラ党は 42 人しか公認していない。

表 2-17　統一地方選挙における各政党別の候補者公認状況

	ハンナラ党		国民会議	
	基礎（首長）	広域（議員）	基礎（首長）	広域（議員）
嶺南（72/184）	63	172	32	72
湖南（41/102）	1	42	41	102

・出処：中央選挙管理委員会、1998年。を参考に筆者が作成。

　一方、嶺南地域の状況を見ると、広域地方公共団体議員選挙において、ハンナラ党は、定数184に対して、172人の候補者を公認しており、基礎地方公共団体首長選挙においては、定数72に対し、63人の候補者を公認している。しかしながら、国民会議は、それぞれ72人と32人しか公認していない。これは、勝算のない選挙区には公認する必要もないとの判断があったと考えられる。また、政党としては公認しようとしても、勝算のない選挙区に立候補しようとする候補者は見付からなかったと考えられる。このような、地域主義の下における候補者公認は、政党の党内秩序維持システムの構築戦略と密接な関係がある。つまり、地域主義の下においては、再選を目指す国会議員にとって、どの政党の公認を受けて立候補するかが非常に重要である[14]。すなわち、候補者個人にとっては、立候補してからの選挙戦略や選挙運動の仕方ももちろん重要であるが、それ以前の問題として、いかにして、地域主義の援護を受けて当選の可能性の高い政党の公認を受けられるかが最大の課題である。仮に、地域主義の表れる地域の選挙区において、特定の政党の公認を受けて立候補できなかった候補者は、その選挙区に無所属で立候補するか、候補者間の熾烈な競争が繰り広げられ、地域主義の表れない地域で立候補せざるを得ない。その場合の当選の可能性は、地域主義の表れる地域に、特定の政党のラベルを貼って立候補する場合に比べ、格段に低下する。そのため、公認を得るために政党幹部への服従は欠かせないものであり、地域主義の存在は、政党内の秩序維持システムの構築につながっていると考えられる。

　次に、地域主義の下における政党の戦略としての離合集散である。

　表2－18のように、韓国の政党は頻繁に離合集散を繰り返している。これが、韓国の国会議員が「渡り鳥」と言われる所以である。韓国においては、選

挙の種類に関係なく、選挙の直前、あるいは直後において、「地域」を軸にした離合集散が繰り返される。その基本的なロジックは「排除」である。すなわち、湖南は嶺南を、嶺南は湖南を徹底的に「排除」した連合が形成されている。例えば、1990年2月、民主正義党、民主党、共和党が統合し、民主自由党が誕生した。ここでは、湖南、つまり、金大中を中心にする政党は排除されている。

2006年2月には、同年4月に予定されていた統一地方選挙対策として、ハンナラ党と自由民主連合が連携し、選挙戦を戦った。そして、2008年2月には同年4月に予定されていた国会議員総選挙対策として、未来韓国党と親朴連帯が連携した。

このように、韓国の政党は離合集散を繰り返す。その時に重要なのは政策志向や政策的理念の類似性ではなく、地域である。また、統合（連合）の中心がどの地域なのかによって、その連合から排除される地域が決まる。

次に、国会議員の戦略を検討する。

地域主義が表れる地域に政治的基盤を持つ国会議員はいかにして、特定の政党の公認を受けるかが非常に重要である。これを裏返せば、前述の党内秩序維持システムの構築に直結する。この点については既述したため、改めて論じない。

表2-18　政党の離合集散

統合（連合の）状況	時期	背景	排除された地域
3党統合（民主自由党）	1990年2月	少数与党	湖南
新韓国党	1995年12月	内紛	湖南
ハンナラ党（新韓国党からの党名変更）	1997年11月	ＩＭＦ外国為替危機	湖南
新政治国民会議＋自由民主連合	1997年12月	大統領選挙	嶺南
ハンナラ党＋自由民主連合	2006年2月	統一地方選挙対策	湖南
未来韓国党＋親朴連帯	2008年2月	国会議員選挙対策	湖南

・筆者作成

ここでは、地域主義が表れない首都圏や都市部などに政治的基盤を持つ国会議員の戦略を中心に検討する。地域主義が表れない首都圏や都市部などの地域においては特定の政党のラベルが当選を意味するものではなく、政党間、候補者間において激しい選挙戦が繰り広げられる。これを裏付けるデータを紹介する。表2－19は2004年4月に行われた第17代国会議員総選挙のソウル特別市内の選挙区における主要候補者の得票状況である。

　表2－19からわかるように、ソウル特別市内の48の選挙区の中、当選者と第二位の候補者との得票の差が5,000票以下の選挙区の数は17、10,000票以下の選挙区の数は30、15,000票以下の選挙区の数は41である。

　これらの結果は、選挙での当落が僅差で決まる場合が多く、地域主義の表れる地域とは異なり、地域主義の表れない地域における選挙戦の激しさを物語っている。

　ここでは、首都圏や都市部などに政治的基盤を持つ政治家と地域主義が表れる地域に政治的基盤を持つ政治家に分けて考える。

　まず、首都圏や都市部に政治的基盤を持つ政治家である。

　韓国の有権者の投票行動の特徴としては、前述のように、政党志向を指摘できる[15]。政党志向には、二つの種類があると考えられる。一つは、地域主義に基づくものであり、もう一つは、与党と野党の区別に基づくものである。

　民主化以前の韓国においては、集票システムとしての「与村野都」の傾向があった[16]。しかしながら、民主化以降においては、国会議員選挙においても地域主義が非常に克明に表れるようになり、「与村野都」という投票の傾向は当てはまらなくなったと考えられる[17]。

　「与村野都」ではなく、地域主義が選挙における有権者の投票行動を説明するファクターとして登場してから、地域主義が克明に表れる地域と表れない地域が明確に分けられるようになった。

　地域主義の表れない地域は、一部の都市部やソウル、首都圏などである。これらの地域に支持基盤を持つ国会議員にとっても、政党のラベルは－地域主義の下におけるそれのように、特定政党のラベルが非常に高い確率で当選を保証するようなものではないとしても－一定の意味を持つ。それは、そのような地

第6節　分析　129

表2-19 ソウル特別市の選挙区における立候補者の得票数（第17代国会議員総選挙）（単位：票）

選挙区	総投票数	候補者別得票数			有効票	当選者と2位との得票の差	
		ハンナラ党 (A)	民主党 (B)	ウリ党 (C)			
鍾路区	88,123	37,431	9,614	36,843	87,429	588	(A)-(C)
中区	65,631	29,837	11,662	19,478	64,953	10,359	(A)-(C)
龍山区	111,596	51,025	9,570	43,915	110,826	7,110	(A)-(C)
城東区甲	87,818	27,743	11,110	35,617	87,119	7,874	(C)-(A)
城東区乙	74,117	28,744	6,053	36,467	73,501	7,723	(C)-(A)
廣津区甲	88,476	35,646	6,167	44,519	87,753	8,873	(C)-(A)
廣津区乙	90,320	26,108	26,973	31,963	89,643	5,855	(C)-(A)
東大門区甲	98,906	40,210	6,136	43,228	98,066	3,018	(C)-(A)
東大門区乙	87,523	37,058	9,981	35,950	86,807	1,108	(A)-(C)
沖浪区甲	89,186	33,780	6,792	39,110	88,498	5,330	(C)-(A)
沖浪区乙	101,901	39,640	6,926	49,871	100,853	10,231	(C)-(A)
城北区甲	104,657	42,280	8,049	44,531	103,946	2,251	(C)-(A)
城北区乙	109,268	42,101	10,728	54,979	107,808	12,878	(C)-(A)
江北区甲	80,369	28,666	11,113	36,638	79,568	7,972	(C)-(A)
江北区乙	85,990	27,838	13,403	36,206	85,264	8,368	(C)-(A)
道峰区甲	82,325	30,538	4,596	42,583	81,684	12,045	(C)-(A)
道峰区乙	90,502	32,323	5,879	42,564	89,852	10,241	(C)-(A)
盧原区甲	87,597	26,496	23,154	36,992	86,642	10,496	(C)-(A)
盧原区乙	108,463	42,677	7,249	44,720	107,731	2,043	(C)-(A)
盧原区丙	100,066	36,738	9,894	44,923	99,349	8,185	(C)-(A)
恩平区甲	98,948	33,783	7,221	50,785	98,061	17,002	(C)-(A)
恩平区乙	118,206	53,107	6,064	50,566	117,363	2,541	(A)-(C)
西大門区甲	84,867	36,896	3,893	38,795	84,218	1,899	(C)-(A)
西大門区乙	87,854	39,734	4,904	37,975	87,158	1,759	(A)-(C)
麻浦区甲	81,669	31,693	6,574	35,842	81,070	4,149	(C)-(A)
麻浦区乙	103,914	39,598	9,216	45,405	101,428	5,807	(C)-(A)
陽川区甲	123,026	69,056	5,686	46,213	122,045	22,843	(A)-(C)
陽川区乙	102,314	40,225	15,348	40,658	101,572	433	(C)-(A)
江西区甲	124,859	43,823	13,363	63,331	123,639	19,508	(C)-(A)
江西区乙	124,298	51,979	9,262	56,107	123,252	4,128	(C)-(A)
九老区甲	110,324	35,801	9,386	48,970	109,486	13,169	(C)-(A)
九老区乙	91,137	35,064	*	48,673	90,088	13,609	(C)-(A)
衿川区	118,153	43,895	13,343	49,818	117,227	5,923	(C)-(A)
永登浦区甲	101,514	37,230	21,033	35,584	100,725	1,646	(A)-(C)
永登浦区乙	96,461	41,432	12,674	39,798	95,498	1,634	(A)-(C)
銅雀区甲	107,790	39,420	8,628	46,291	107,032	6,871	(C)-(A)
銅雀区乙	97,776	35,388	11,873	48,402	96,825	13,014	(C)-(A)
冠岳区甲	134,983	47,701	13,362	62,694	133,941	14,993	(C)-(A)
冠岳区乙	121,806	40,255	16,170	49,673	120,807	9,418	(C)-(A)
瑞草区甲	96,689	54,103	*	28,318	95,900	25,785	(A)-(C)
瑞草区乙	99,493	53,537	3,576	35,833	98,717	17,704	(A)-(C)
江南区甲	122,723	76,601	*	37,504	121,601	39,097	(A)-(C)
江南区乙	124,202	70,831	9,166	41,977	123,184	28,854	(A)-(C)
松坡区甲	95,533	51,247	6,689	36,859	94,795	14,388	(A)-(C)
松坡区乙	85,924	42,002	5,968	37,177	85,147	4,825	(A)-(C)
松坡区丙	108,639	36,363	27,103	41,205	107,766	4,842	(C)-(A)
江東区甲	117,586	55,205	5,375	50,693	116,875	4,512	(A)-(C)
江東区乙	105,058	40,465	17,087	41,784	104,158	1,319	(C)-(A)

・出処：中央選挙管理委員会ホームページを参考に筆者が作成。
＊民主党は九老区乙、瑞草区甲、江南区甲選挙区には候補者を公認していない。

域においては、有権者が政党投票を行っていると考えられるためである。この点を、図2－3を中心に検討する。

図2－3は、地域主義が表れない地域の国会議員総選挙における各政党の平均支持率と平均支持率の分散である。主要政党間（ハンナラ党と開かれたウリ党）の平均支持率にあまり差がない。また、両政党とも平均支持率の分散が小さく、両政党間における分散の差はあまり大きくない。

分散が小さいということは、有権者が政党投票を行う傾向があることを示している[18]。つまり、地域主義の表れない地域においても政党ラベルはある程度重要であるが、平均支持率の差が小さいため、候補者個人にとって、特定の政党の公認を受けることが非常に高い確率で当選に結びつくわけではない。当選のためには有権者の評判が必要である。そのため、地域主義が克明に表れない地域の政治家は自党の評判を高めることができるような政策形成が必要であると考えられる。

図2－3　第17代国会議員総選挙（首都圏）における各政党の支持率と分散

（単位：％〔支持率〕）

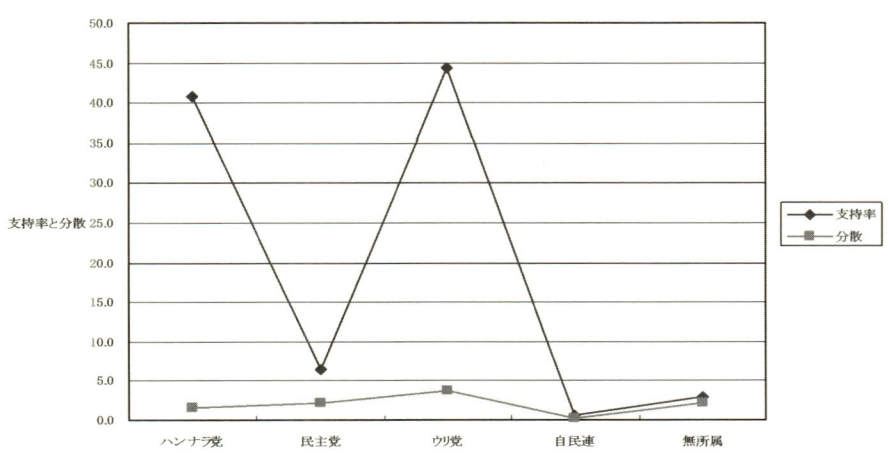

・筆者作成

第6節　分析　131

4）共有された予想

　地域主義にかかわる共有された予想としては、第一に、「地域主義はなくならない。」、第二に、「この政党の候補者に投票すれば私の出身地域に何か良いことがあるであろう。」を上げることができる。第一の予想は、有権者にとっての地域主義は囚人のジレンマ的状況を裏付けるものである。第二の予想の存在によって、国会議員の得票戦略としての補助金の獲得は非常に有効な戦略になり、正当化され得るのである。また、それによって、地域主義の下における「私たちはほかの地域の有権者より優遇されている。」というメッセージを有権者に送り続けることができるのであり、これが地域主義の維持につながっていると考えられる。

（3）地方分権改革の政治の制度

1）アクター

　地方分権改革の政治は中央政治の舞台で展開されており、基本的には前述の韓国政治におけるアクターが参加するが、地方分権改革の政治において、最も重要なアクターは国会議員であり、彼らの利益追求にとって好都合な地方分権改革がなされている。

2）フォーマルなルール

　まず、地方分権改革は法律の制定ないしは改正によってなされる。そのため、大統領と国会議員の法案提出権が定められている憲法の規定（第52条）、そして、立法権は国会に属するとの規定（憲法第40条）を上げることができる。

　次に、前述のように、実際、韓国においては地方公共団体間における大きな格差が存在している。このような大きな格差は、地方公共団体間における行財政資源の配分に関連する地方自治制度関連法律に起因する部分が多いと考えられる。そのため、地方自治法、地方税法、国税と地方税の調整に関する法律なども、フォーマルなルールとして提示できる。

　そして、補助金の予算及び管理に関する法律である。この法律においては、

補助金配分の対象となる事業、事業別の補助率などについて定められている。その内容は、国会議員が得票戦略を練る上で補助金を用いるのに好都合なものであり、そのような戦略を駆使することを助長していると言っても過言ではなかろう。補助金の予算及び管理に関する法律の主な内容については後述する。

また、韓国においては、日本の地方財政計画のような、地方公共団体の財源保障の仕組みがないことを指摘する必要がある。日本においては、地方財政計画によって地方財政全体の収支の状況を明らかにする。そして、地方財政計画の策定を通じて地方公共団体が標準的な行政水準を確保できるように地方公共団体の財源を保障する[19]。しかしながら、そのような仕組みのない韓国においては、地方公共団体の財源の確保ができるかどうかは予算額次第で決まると言っても決して過言ではない。つまり、予算案の審議と採決の権限を持つ国会の影響力が非常に強い。

3）アクター同士の相互作用と戦略

アクター同士の相互作用は地方公共団体の行財政的資源を増やすための手段や方法を探るためになされている。地方公共団体の行財政的資源を増やすための具体的な手段や方法については各アクターの意見が必ずしも一致していない。各アクターはそれぞれの置かれた立場によって、自らの最大限の利益を確保できる手段や方法が最も望ましいと主張し、議論を展開しており、その議論の積み重ねによって合意を目指している。

また、民主化以前とは異なり、各アクターは同等な立場で議論を展開しており、特定のアクターが独断専行に走ることはできず、特定のアクターへの独占的なアクセスも保障されていない。

そして、地方分権改革は民主化以降の韓国における国政の最重要課題の一つとして位置づけられているため、大きな注目を集めている。また、民主化以降の韓国においては、政策プロセスにおける透明性の向上が非常に強調されている。そのため、地方分権改革においてもその議論の状況は公になる場合が多く、地方分権改革をめぐる議論は、説得、合意形成に失敗した場合には、権限を行使し、法的手段に訴える場合もなくはないが、基本的には説得、合意形成など

の方法でなされている。

次にアクターの戦略である。

国会議員は、格差の深化をもたらさない税源移譲を実現するための具体策を模索するのは困難であることを隠れ蓑にし、自らの利益の最大化を目指している。

そして、国会議員や中央省庁は地方公共団体間における格差の是正策を探るためには、長期的な検討が必要であるとの時間稼ぎや先送り戦略を駆使している。また、格差の解消が地方分権改革の本質であるかのような、争点の曖昧化戦略も駆使している。

次に、有権者は直接的に地方分権改革の議論に積極的に参加したり、具体的な政策案の提案を行うことはしていないが、地域主義的投票を行いつづけることにより、補助金の財源の獲得が非常に重要であるとのメッセージを国会議員に伝えている。

そして、日本の地方財政計画のような地方公共団体の財源の保障の仕組みがない韓国においては、地方公共団体の財源の確保ができるかどうかは予算額次第で決まると言っても決して過言ではない。つまり、予算案の審議と採決の権限を持つ国会の影響力が非常に強い。

また、三位一体改革で見られるように、日本においては地方財政計画は改革の端緒ともなり得る。つまり、三位一体改革において、抜本的な改革を阻止するために総務省は先取り的に改革案を打ち出した。2003年11月28日の経済財政諮問会議において、総務省は全体として地方財政計画の歳出および地方交付税総額を抑制する方針を打ち出した[20]。これを契機にして制度補完的関係にある国庫補助負担金の削減や廃止と基幹税の税源移譲に波及させて、最終的に三位一体改革での帰結になるように改革が推進された[21]。

しかしながら、韓国においては、日本の地方財政計画のような、地方公共団体の財源を保障し、改革の端緒ともなりうる仕組みはない。

地方公共団体の財源の確保ができるかどうかは予算額次第で決まると言っても決して過言ではない。つまり、予算案の審議と議決の権限を持つ国会の影響力が非常に強い。例えば、普通交付税交付額の算定において適用される調整率

は毎年の予算の都合で決まる[22]。

　ここで、大統領の拒否権について検討する。大統領は国会で可決された法案に対する拒否権を持つ（憲法第53条②）。韓国における大統領の拒否権においては、法案の一部に対する拒否権の行使（line item veto）や修正案の提出は認められておらず（憲法第53条③）、包括的な拒否権である。

　そして、憲法第54条②には「政府は会計年度[23]開始90日前までに新年度の予算案を国会に提出し、国会は会計年度開始30日前までにこれを議決しなければならない。」と定められている。また、同③には、「新年度が開始されるまでに、予算案の議決が行われない場合、政府は国会において予算案の議決が行われるまで、次に挙げる目的のために必要な経費を前年度予算に準じて執行できる。1. 憲法または法律の定めるところにより設置された機関または施設の維持・運営、2. 法律上の支出義務の履行、3. 既に予算によって承認されている事業の継続」と規定されている。

　予算案の編成には様々な利害関係が錯綜している。また、国会議員は自らの得票戦略上好都合な予算案を編成しようとしているため、国会議員同士の調整にも時間を要し、新年度開始の直前まで予算案の成立がずれ込む場合が多い[24]。

　仮に、大統領の拒否権行使によって、会計年度開始までに予算案が成立しない場合、限られた予算以外の執行はできなくなり、大きな影響をもたらすことになるため、大統領にとっては拒否権を行使する時間的な余裕がなくなり、予算案に対する拒否権の行使に慎重にならざるを得ないと考えられる。実際、1948年8月の大韓民国政府の誕生以来、予算案に対しては大統領の拒否権は行使されたことがない。

　そのため、大統領が地方分権改革の端緒を掴み、改革を主導していくのは非常に困難であると考えられる。

　中央省庁は地方公共団体の行財政的資源の増大を目指しつつも、省庁同士の競争で負けないように、そして、省庁同士の権力関係において優位を占めるために、また、地方公共団体への影響力を維持するための手段として地方分権改革を進めている。まず、事業省庁は補助金の財政資源の確保を望んでいるであ

ろう。そして、財政当局は税源移譲以外の方法で地方公共団体の財政資源を増大すべきであると主張しており、行政自治部は税源移譲と普通交付税の増額などによる地方公共団体の財政資源の増大を主張している。

4）共有された予想

地方分権改革の制度的環境（韓国政治）についての予想としては、第一に、「大統領は5年ごとに必ず交代する。」、第二に、「軍事独裁政権への逆戻りはできないであろう。」、第三に、「地域主義はなくならない。」を提示する。

これらの予想は民主化以降に形成され、アクターによって共有されており、維持されつづけている。

大統領の5年ごとの例外ない交代と軍事独裁政権への逆戻りが不可能との予想においては、有権者と選挙が非常に重要である。また、その二つの予想がアクター同士で共有されているため、大統領は民主化以前のような選挙への介入や強硬手段を用いることができなくなったと考えられる。そして、国会議員は地方分権改革の政治において大きな影響力を持つことができ、大統領が進めようとしている大規模な税源移譲を阻止することができたのである。この点との関連で、「5年ごとの大統領の例外ない交代」が懸念材料になった一例を紹介する。盧武鉉政権発足直後の2003年7月、「分権型先進国家の建設」を国家発展戦略として掲げ、「参与政府地方分権推進ロードマップ」が発表された。この時、全国市長郡守区長協議会などの地方公共団体側は、「地方分権推進ロードマップ」を概ね歓迎したが、計画通り実行されるかについて懸念の声が上がっていた。それは、盧武鉉大統領の任期は2008年2月末までであり、任期満了が近づくにつれ、大統領の政策推進力が失速する恐れがあったためである。

そして、民主化以降における代理人の一人である、国会議員という壁にぶつかり、物事が進まなくなると大統領は直接国民に訴える戦略を駆使している。つまり、民主化以降の大統領経験者4人は、政権後半になり、任期終了前に、「国民の大統領になるために」離党している。

また、大統領の5年ごとの例外ない交代という予想に基づき、国会議員は時間を稼ぐことによって、大統領の交代を待ちつつ、国会議員選挙が近づいて

くると、その選挙を有利に戦えるような選挙戦略を練ることができるのである。
　次に、「地域主義はなくならない。」という予想である。この予想には、地域主義の安定性と地域主義の下における有権者からのシグナルが非常に明確に表れている。とりわけ地域主義が表れる地域においては、補助金の配分という得票戦略が有効となり、有権者はその当該地域において、地域に基盤を置く政党の候補者に投票すれば、自らの地域に良いことが起こるという期待を持っている。ソウル特別市、首都圏、都市部など地域主義が表れない地域の有権者の投票傾向からもわかるように（本書29頁の表1－4、同30頁の表1－5、表1－6）、彼らは自らの出身地に高い関心を示しており、地域主義がなくなるとは期待していないと考えられる。

2．国会議員の政策志向

　民主化以降における韓国の歴代の大統領は、一貫して地方公共団体への大規模な権限移譲による中央―地方間における機能の再配分、大規模な基幹税の税源移譲による中央―地方間の税源配分の改革などによって、分権国家の建設を目指し、抜本的な地方分権を進めようとしている。しかしながら、本書における国会議員は、「格差の深化の恐れ」と「税源移譲分の地方交付税と補助金削減の懸念」を理由に基幹税の大規模な税源移譲や大規模で実質的な権限移譲など抜本的な地方分権改革を阻止している。しかし、「格差の是正」や「格差の拡大を防ぐ」ために、地方消費税、分権交付税、不動産交付税、国家均衡発展特別会計などの導入には賛成している。
　以下においては、韓国における地方分権改革の制度設計の内容と国会議員の政策志向を中心に検討を加え、本書の仮説を検証する。

（1）大規模な税源移譲の阻止

　国会議員の政策志向は、大規模な税源移譲の阻止という形で地方分権改革に反映されている。

国会議員として、税源移譲を望む地方公共団体の要望を完全に無視することもできないため、限定的に税源移譲を行う一方で、国会議員が腕を見せる上で役立つ財源を確保しておくための制度設計がなされたと考えられる。

　要するに、財源は有限であるという点と韓国の現在の地方自治制度を考慮すると、仮に、大規模な税源移譲がなされると、補助金や有権者に幅広い便益をもたらすのに役立つ財源が削減される可能性が高い。前述のハンナラ党の許泰烈最高委員の「・・・政府は税源移譲分の地方交付税と補助金を削減する可能性が高いので・・・」という発言はそれを裏付けるものであると考えられる。この点に関連し、地方消費税の導入に伴う、補助金などの財源を削減しようとした行政安全部とそれを阻止した国会議員の動きを紹介する。2009年9月16日、青瓦台で開かれた第二次地域発展委員会において、行政安全部の李達坤長官は、「これからも大幅な税源移譲を進め、税源移譲に伴い、補助金などの移転財源の削減も積極的に検討し、議論する必要がある。」とした。また、2010年度予算案において、行政安全部は地方消費税の導入に伴い、約3,634億ウォンの地方教育財政交付金[25]を削減すべきであるとした。地方教育財政交付金の削減をめぐる議論の舞台は国会に移る。2009年12月3日の国会行政自治委員会全体会議において、2010年度予算案の審議が行われた。当初の政府案では地方消費税の導入により、内国税収の減少に伴う地方教育財政交付金の減額分を補填するため、地方交付税法定交付率を19.24%から18.97%に0.27%引き下げるとされていた。しかしながら、「地方における安定的な財源の確保が必要であるため」政府案は修正され、地方交付税法定交付率の引き下げは盛り込まれなかった。また、所得税と法人税の最高税率も現行維持となった。そのため、約1兆ウォンの財政支援の削減が阻止された。このことからも、地方公共団体間の格差の深化と財政的支援の削減を阻止したいと言う国会議員の思惑がうかがえる。

　そして、地方消費税の導入は、地域主義の表れる地域への財政資源の減少を防ぐための制度設計であると言える。以下、この点を詳しく検討する。

　まず、地域主義が表れている地域は、前述のように、韓国における国会議員にとって確実な支持基盤となっている。仮に大規模な税源移譲がなされたとす

れば、その地域においては、地方公共団体の自律性の増大というシンボリックな意味はあるかもしれない。しかしながら、仮に大幅な税源移譲がなされたとしても、それによって、有権者に「ほかの地域の有権者より優遇されている。」とのメッセージを伝えることはできない。そのため、大規模な税源移譲は、国会議員にとって補助金に比べ、得票戦略としての効果は半減すると言える。また、仮に、大幅な税源移譲がなされ、地域主義が表れている地域に配分される補助金や普通交付税に充てられる財源が激減したとすれば、それは首都圏や都市部への特殊利益の誘導であると受け止められる可能性が高い。

　次に、地域主義の表れる地域における普通交付税などの依存財源の重要性と地方消費税との関連を検討する。

　地方消費税は各広域地方公共団体からそれぞれの広域地方公共団体内の基礎地方公共団体に財政補填金のような形で配分されるものであるという点に注目する必要がある。仮に、基準財政収入額が増える形で税源移譲がなされると、普通交付税や不動産交付税が減額される可能性があり、後述の普通交付税の算式を考慮すると、税源移譲されたとしても各地方公共団体の財政収入もあまり大きく増えない可能性が高い。しかしながら、財政補填金という形で配分されるようにすると、財政補填金は基準財政収入額に算入されないため、普通交付税や不動産交付税の交付額への影響はない。この点をより詳しく検討する。大規模な税源移譲がなされた場合、地方公共団体の基準財政収入額が増え、財政力指数が高くなるため、普通交付税や不動産交付税の交付額が減少する可能性がある。また、地方税が100％徴収できたとしても、徴税努力に比べ、実際の財政収入はあまり大きく増えない可能性もある。普通交付税の算式を中心に、この点を検討する。韓国の普通交付税は次の算式によって算出される。

普通交付税＝（基準財政需要額－基準財政収入額）×調整率[26]（0.85）
基準財政収入額＝地方税徴収予想額×基準税率（0.8）

　表2－20からわかるように、基準財政需要額が100億ウォンで、地方税徴収予想額が80億ウォンから90億ウォンに10億ウォン増えた場合、地方

表 2-20　地方税徴収予想額の増額と地方公共団体の総歳入額の変化

(単位：億ウォン)

基準財政需要額	地方税徴収予想額	基準財政収入額	調整率が85％の場合の普通交付税額	地方税徴収予想額100％徴収時の総歳入額
100	80	64	30.6 (36 × 0.85)	110.6
100	90	72	23.8 (28 × 0.85)	113.8
増減	＋10	＋8	－6.8	+3.2

・出処：柳在源、1997年、27頁。

税徴収予想額が100％徴収されたと想定すると地方公共団体の歳入額は3.2億ウォンしか増えない。

　そのため、地方消費税の導入は、世界規模の経済危機の発生、半年後に迫った統一地方選挙などを考慮した、実に絶妙なタイミングに、地域主義の存在を前提とし、地域主義の表れる地域と表れない地域の両方にアピールするための好都合な選択であると言える。つまり、地域主義の表れない地域を考慮して限定的ではあるが、税源移譲がなされ、地域主義の表れる地域の地方公共団体のためには、普通交付税の減額につながらないような形で税源移譲がなされたのである。

　そして、地域主義の表れる地域における補助金の重要性である。これについては、地方公共団体の財政状況を中心に検討する。

　表2－21は韓国における地方公共団体の歳入状況である。特別市、広域市など規模の大きい、都市部の地方公共団体ほど自主財源の割合が高い。しかしながら、市、郡など規模が小さい地方公共団体ほど補助金などの依存財源の割合が高い。

　表2－22は、2004年9月に行われた「全国自治体経済的活力調査」の結果の一部である。この調査は、①過去30年間の人口変化率、②財政力指数、③総合所得税の一部として課税される住民税の税収額を指標に、全国の234のすべての地方公共団体を対象にして行われた。

　この調査の結果は、嶺南（慶北、慶南）と湖南（全北、全南）の地方公共団体

表 2-21　地方公共団体の歳入状況　　　（2010 会計年度予算、単位：100 万ウォン）

	特別市・広域市	道	市	郡
歳入合計	31,976,529	36,048,299	38,605,407	23,990,631
	100%	100%	100%	100%
地方税	19,325,526	11,581,235	9,594,741	1,870,347
	60.4%	32.1%	24.9%	7.8%
税外収入	4,084,273	2,746,515	6,533,919	2,923,456
	12.8%	7.6%	16.9%	12.2%
地方交付税	3,161,624	5,648,200	9,988,106	11,182,987
	9.9%	15.7%	25.9%	46.6%
調整交付金及び財政補塡金	—	—	2,380,190	466,732
	—	—	6.2%	1.9%
補助金	4,755,385	15,456,066	9,511,201	7,457,316
	14.9%	42.9%	24.6%	31.1%
地方債	649,721	616,283	597,250	89,793
	2.0%	1.7%	1.5%	0.4%

・出処：『地方財政年鑑』2010 年度版を参考に筆者が作成。

表 2-22　全国自治体経済的活力調査の結果

	150 位以下	200 位以下
慶北（23 市郡）	7	6
慶南（20 市郡）	7	3
全北（14 市郡）	5	6
全南（22 市郡）	9	9

・出処：全国自治体経済的活力調査の結果を参考に筆者が作成。

の厳しい状況を浮き彫りにするものとなった。例えば、慶北の 23 市郡の中、13 市郡、慶南においては、20 市郡の中、10 市郡がそれぞれ、150 位以下[27]にランクされている。その中、200 位以下にランクされたのはそれぞれ、6 市郡、3 市郡である。全北、全南においては、状況がもっと厳しく、全北においては、14 市郡の中 11 市郡が、全南においては 22 市郡の中 18 市郡が、それぞれ 150 位以下にランクされている。その中、200 位以下にランクされたのはそれぞれ 6 市郡、9 市郡である。

（2）地域主義の表れない地域での得票戦略

　以下においては、地域主義の表れない地域と表れる地域を分けて分析を進める。それは、地方分権改革によってなされた制度設計は特定の地域だけに利益の配分が集中し、ほかの地域は完璧に排除されていることを意味するものではない。本書の議論の流れからすると、地域主義の表れない地域と表れる地域を分けて議論を進めることによって、本書の論旨がより明確になると考えられるためである。

　ここでは、ソウル特別市、仁川広域市、京畿道などの首都圏や大田広域市などの都市部を支持基盤とする国会議員の戦略を中心に検討する。これらの地域は、地域主義が表れず、熾烈な選挙戦が繰り広げられる地域とほぼ一致する。

　国税の地域別徴収額は、地方分権改革との関連において、国会議員が首都圏や都市部の有権者にアピールするための選択肢を選ぶ上で考慮しなければならない、非常に重要な部分である。

　すなわち、表2－23の国税の地域別徴収額を見ると、2009年度において、ソウル特別市を管轄するソウル地方国税庁において、47.6%を占めている。そして、京畿道と仁川広域市を管轄する中部地方国税庁において19.4%を占めている。この二つの地方国税庁だけで、国税総額の67.0%が徴収されている。

　このように、地域主義の表れないソウルや首都圏などの地域の有権者は、既に地方税の多くの部分を負担している。そのため、有権者の更なる幅広い負担の増大をもたらさないで、地方公共団体の財政力を向上させることができる制度設計が必要であると考えられる。

1）普通交付税法定交付率引き上げの阻止

　ソウル特別市、首都圏、都市部など地域主義の表れない地域に支持基盤を持つ国会議員にとって、普通交付税法定交付率引き上げの阻止は、有権者からの非難回避戦略として有効であると考えられる。この点を明確にするために、普通交付税法定交付率引き上げに関する、ソウル特別市、首都圏、都市部など地

表2-23　韓国における国税の地域別徴収額　　　　　　　　　（単位：兆ウォン）

年度	2003	2004	2005	2006	2007	2008	2009
合計	84.9	84.9	93.9	100.3	120.4	114.6	113.0
ソウル地方国税庁	39.7	38.7	43.0	49.2	59.6	55.8	53.8
	46.8%	45.6%	45.8%	49.2%	49.6%	48.7%	47.6%
中部地方国税庁	16.3	15.6	17.9	17.8	23.7	22.7	21.9
	19.1%	18.4%	19.1%	17.8%	19.7%	19.8%	19.4%
大田地方国税庁	6.4	7.0	7.9	8.2	8.7	8.5	8.3
	7.5%	8.2%	8.4%	8.2%	7.3%	7.4%	7.3%
光州地方国税庁	6.8	7.2	7.2	6.8	8.6	8.2	7.7
	8.1%	8.5%	7.6%	6.7%	7.1%	7.2%	6.8%
大邱地方国税庁	3.5	3.8	4.7	5.0	4.8	4.1	5.6
	4.1%	4.5%	5.0%	4.9%	3.9%	3.6%	5.0%
釜山地方国税庁	12.2	12.6	13.2	13.3	15.0	15.3	15.7
	14.4%	14.8%	14.1%	13.2%	12.4%	13.3%	13.9%

・出処：国税庁ホームページを参考に筆者が作成。
・2010年のデータについては、2011年3月現在、公表されていない。
・関税を除く。

域主義の表れない地域の有権者の選好を検討する。それらの地域の有権者の選好を検討するためには、それらの地域には嶺南、湖南出身の有権者も多く居住しているという点（本書29頁の表1－4）に注目する必要がある。

　前述の表2－23のように、2009年度において、ソウル特別市、首都圏など地域主義の表れない地域から内国税総額の67.0％が徴収されている。そして、それらの地域のほとんどの地方公共団体は財政的に豊かであるため普通交付税は交付されていない。そのため、それらの地域の有権者は「普通交付税はもらってもいないのに、負担だけが増えるのは許せない。」という反応を示す可能性が非常に高い。

　そして、ソウルや京畿道などの首都圏や大田広域市などの都市部に居住する嶺南地域出身の有権者は、自分たちの出身地域への普通交付税交付額が増えるのは望ましいことであるが、湖南地域にまで、自分たちの負担で増額されるのは許せないと批判する可能性が高い（表2－24）。また、湖南地域出身の有権者は自らの負担の増加で嶺南地域にまで普通交付税交付額を増やすことには反

表2-24　普通交付税法定交付率引き上げとソウル特別市、首都圏、都市部の有権者の選好

ソウル、首都圏、都市部の有権者	負担の増大	普通交付税増額（嶺南地域への）	普通交付税増額（湖南地域への）
嶺南地域出身（A）	反対	賛成	反対
湖南地域出身（B）	反対	反対	賛成
（A）、（B）以外	反対	反対	反対

・筆者作成

対するであろう。しかしながら、できるだけ自分の出身地域により多くの財政支援を与えてほしいというのは、前述のような地域主義の下における有権者の戦略や囚人のジレンマ的な状況（本書28頁の表1－3）を考慮すると当たり前の反応であると考えられる。

2）分権交付税の導入

　そして、地域主義が表れないソウル特別市、首都圏や一部の都市部などにおいては、開発関連の補助金の増額は有効な戦略であるとは考えられない。以下、その理由を検討する。それは、韓国における補助金制度の特徴から考えられる理由である。韓国における補助金支給対象事業は、2006年度の場合、371事業である[28]。その中の約80％が農漁村におけるインフラ整備に関連する事業である。また、2005会計年度の国家均衡発展特別会計における補助金支出額44,204億ウォンの中、地域開発に41,150億ウォン、地域革新に3,054億ウォンがそれぞれ使われている[29]。そして、特別市、広域市など財政的に豊かな地方公共団体に対しては、基準補助率によって定められた金額から20％削減できると定められている[30]。逆に、財政的に厳しい農村部などの地方公共団体に対しては、基準補助率によって定められた金額から、地方公共団体の財政状況によって10％から20％増額できる[31]。そのため、インフラがかなり整備されている都市部などにおいては、開発関連の補助金の魅力は当該地方公共団体にとって、また、国会議員の得票戦略としての魅力も半減すると考えられる。しかしながら、地域主義の表れない地域においては、前述のように、議員個人の評判を高めることが得票戦略として重要である点、また、それらの地域におい

ては、社会福祉サービス関連の需要が多い点を考慮すると、社会福祉関連の補助金を確保するか少なくともそれに類似した制度を導入することは非常に重要であると考えられる。

　分権交付税の導入は地域主義の表れない地域、すなわち、首都圏や一部の都市部に支持基盤を持つ国会議員にとって、有権者へのアピールという意味において非常に重要であると考えられる。

　つまり、分権交付税の導入、その原資として廃止された地方譲与金の分の内国税を充てること、また、従来普通交付税の交付を受けていなかったソウル特別市などにも分権交付税が交付されるようになったことは、地域主義の表れる地域の有権者より、ソウル特別市や京畿道などの有権者のマンデートを優先的に考慮してなされた制度設計であると言える。以下、ソウル特別市、首都圏や都市部の特徴を検討することによって、国会議員にとって、分権交付税の導入がなぜ有効な戦略であるのかを検討する。

　また、分権交付税の導入は、地方公共団体への財源確保策として単に普通交

図2-4　分権交付税の算定

経常需要	非経常需要
基準：財政需要額、各種統計、財政力指数	基準：人口、財政力指数、事業の進捗状況
・各事業ごとの必要予算、関連統計等の調査	・一般需要
・関係省庁などによる検証作業	特定の地方公共団体に対する支援計画が具体化されていない事業：人口、財政力指数等を適用
・各地方公共団体ごとの財政力差を反映	・特定需要
・各項目別の需要額算出	中央省庁の支援計画が具体化されているか等を考慮し、支援が必要な事業を優先する：関係省庁と地方公共団体の意見等を反映

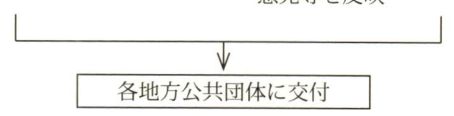

↓
各地方公共団体に交付

・出処：林ソンイル・趙キヒョン・徐ジョンソプ、2006年、83頁。

第6節　分析

付税を増やした場合、現在でも他の地域に比べ多くの内国税を負担しているソウルや京畿道などの首都圏、都市部など地域主義の表れない地域の有権者の更なる幅広い負担の増大をもたらす可能性が高いと考えられるため、それを避けるための制度設計であると言える。それは、地方交付税の原資は目的税ではなく内国税総額（目的税及び総合不動産税と他の法律によって特別会計の財源として使われる税目の金額を除く。）の 19.24% となっている [32] ためである。

　そして、分権交付税の普通交付税への統合に関連する法律の規定も、分権交付税が地域主義の表れないソウルや京畿道など首都圏の有権者への配慮として導入されたと考えられることを裏付けるものである。分権交付税は、2010年1月から廃止され、普通交付税に統合、運営されると地方交付税法 [33] に定められていた。また、「普通交付税に統合、運営される場合、基準財政収入額が基準財政需要額を超過し、普通交付税が交付されなくなる地方公共団体に対しては、分権交付税によって交付されていた財源を補填するため、必要な措置を講じなければならない [34]。」と定められていた。この規定は、分権交付税が普通交付税に統合されてからも普通交付税の交付を受けていないソウル特別市などが継続して一定の財源の確保ができるようにするためのものであると考えられる。分権交付税が廃止され、普通交付税に統合された場合、ソウル特別市などは既存の分権交付税の交付額の分だけの財源を確保できなくなる。そのため、その分の財源の継続的な確保ができるよう、法律的な根拠が用意された。分権交付税の普通交付税への統合に関連する法律の規定は2010年1月1日に、国会行政自治委員長代替案として国会に提出された地方交付税法一部改正法律案が同日可決されたことによって削除され、分権交付税は存続することになった。これは、仮に分権交付税が普通交付税に統合された場合、ソウル特別市や京畿道など普通交付税の交付を受けていない地方公共団体の財政収入が減ることを防ぐための制度設計であると言える。

　次に、分権交付税が、国会議員が手腕を発揮する手段の一つとしての補助金のような性格を持つと考えられる制度的な特徴を検討する。

　第一に、分権交付税額の算定の段階において、特に、非経常需要の算定の段階における事業の進捗状況の評価や特定需要の認定やそれに対する支援に関連

して、国会議員が介入する余地があると考えられる。第二に、前述の表2－11（本書100頁）のように、社会福祉、文化観光、などと分野別に使途を特定して交付されている。また、分権交付税が交付される分野ごとの所管省庁が異なる。社会福祉分野については、保健福祉部の所管であり、農林水産については農林部が所管省庁である。

以下においては、分権交付税が実際に補助金のような形で使われたと考えられる事例を紹介する。

保健福祉部の指針に基づいて、障害者施設の管理費が算定され、それに基づいて分権交付税が算定されることになっているが、2007年度に、安東市では保健福祉部の指針より高額の管理費が計上され、それに基づいて算定された分権交付税が交付された事例があり、また、同年度にソウル特別市など四つの市・道にも約84億ウォンの分権交付税が過剰に交付されたことがある。これは、当初、特定需要とされなかったのが、後に特定需要として算定されたためである。これらのことから、分権交付税は国会議員にとっては、補助金のような意味合いを持つと考えられる。そして、インフラの整備や地域開発関係の補助金の獲得を集票戦略として駆使することが困難な、ソウル特別市などを地盤とする国会議員にとって、社会福祉サービスの需要の多いソウル特別市などの首都圏において、国会議員個人の手腕を見せる非常に有効な手段であり、有効な得票戦略であると考えられる。

この点を裏付けるため、2008年4月に行われた第18代国会議員総選挙における候補者の公約を検討する。

表2－25は、第18代国会議員総選挙にソウル特別市内の選挙区から立候補して当選した国会議員と嶺南、湖南地域の選挙区から立候補して当選した議員の中、選挙公約に社会福祉関連の公約を掲げている議員の数を示している。ソウル特別市においては、48選挙区の中、34人が社会福祉関連の公約を掲げている。しかしながら、嶺南、湖南地域において社会福祉関連の公約を掲げた候補者は約20％程度である。

そして、同選挙に首都圏の仁川広域市内の選挙区から立候補した候補者の分野別公約を見ると、教育17.5％、社会福祉15.8％、経済産業15.3％、文化体

表2-25 第18代国会議員総選挙における地域別の候補者の公約の違い

地域	候補者の数と比率
ソウル特別市	34/48(70.8%)
仁川広域市	7/12(58.3%)
嶺南（慶北・慶南）	7/32(21.8)
湖南（全北・全南）	6/25(24.0%)

・出処：中央選挙管理委員会ホームページを参考に筆者が作成。

育8.9％、政治行政3.6％などであり[35]、教育に次いで社会福祉が二番目に多い。特に、黄祐呂候補はほかの候補に比べ、社会福祉関連公約が最も多く、彼の公約全体の約27％を占める。彼は同選挙で当選している。また、当選した議員12人の中、7人が社会福祉関係の公約を掲げている。これは地域主義の表れる嶺南、湖南地域の選挙区に立候補して当選した議員の公約とはかなり異なる。

表2－26は、2008年4月に実施された第18代国会議員総選挙に地域主義の表れないソウル特別市内の選挙区から立候補して当選した国会議員の社会福祉関係の選挙公約である。ここで、二人の議員の公約を紹介するが、二人とも第二位候補との得票差が大きい。つまり、陳永議員の得票率は58.03％で、第二位候補の得票率は29.39％であった。また、秋美愛議員の得票率は51.29％で、第二位候補は36.66％であった。

これはソウル特別市における得票戦略としての社会福祉関連公約の重要性を裏付けるものであると考えられる。

表2-26 ソウル特別市の選挙区への立候補者の公約

	選挙区	公約
陳永	ソウル特別市龍山区	社会的弱者の保護とセーフティネットの拡充
		年金制度改革
		福祉予算の増額を国に対して継続的に求める
秋美愛	ソウル特別市廣津区乙	基礎高齢年金2倍増額
		5歳以下児童の無償保育実施
		保育所増設

・出処：各議員個人のホームページを参考に筆者が作成。

3）不動産交付税の導入

　増え続ける社会福祉サービス提供のための財政需要を賄うための、不動産交付税の導入、その原資としての総合不動産税が当てられるようになったこと、また、従来普通交付税の交付を受けていなかったソウル特別市にも不動産交付税が交付されるようになったことは、総合不動産税の導入によるソウル特別市、首都圏などの有権者の反発を最低限に抑えるための工夫がなされた制度設計であると考えられる。

　以下、ソウル特別市、首都圏や都市部の特徴を検討することによって、不動産交付税はほかの地域の有権者より、ソウルや首都圏、都市部の有権者への配慮を優先しており、国会議員にとって一種の非難回避戦略であることを明らかにする。

　まず、不動産交付税の地域別の交付額を、不動産交付税の交付の基準を中心に検討する。地方交付税法第9条の3②には、「不動産交付税の交付の基準は、地方自治団体の財政状況、地方税の運用状況などを考慮し、これを大統領令で定める。」と規定されている。これに関連する大統領令の規定として、大統領令第21976号がある。その第10条の3には、不動産交付税の交付基準が定められている。つまり、社会福祉25/100、地域教育20/100、財政状況50/100[36]、不動産保有税額5/100の割合に基づいて算定される。そのため、教育や福祉サービスの需要の多い首都圏や都市部[37]への交付額がほかの地域への交付額より多い。

　この他にも、不動産交付税が有権者としてのソウル特別市民からの非難回避のための制度設計であると考えられる点がある。不動産交付税がソウル特別市にも交付されるようになっていることである。ソウル特別市は財政的に豊かであるため普通交付税の交付は受けていない。しかしながら、不動産交付税が導入されてからはソウル特別市内の基礎地方公共団体も不動産交付税の交付を受けるようになった。実際、ソウルへの不動産交付税の交付額は2006年度において、全国で最も多く、京畿道内の基礎地方公共団体はそれに次いで二番目に多い。たとえば、ソウル特別市内の基礎地方公共団体には不動産交付税総額の24.9％である、2,544億ウォンが交付されており、京畿道内の基礎地方公共団

体には 18.9％である 1,922 億ウォンがそれぞれ交付されている。また、首都圏の仁川広域市内の基礎地方公共団体には 5.4％である 540 億ウォンが交付され、首都圏の地方公共団体に不動産交付税総額の 49.2％が交付されている。これらの点からも国会議員が、地域主義の表れないソウルや京畿道など首都圏の有権者をいかに重視しているかがわかる。

　また、不動産交付税の原資として総合不動産税全額が当てられていることの意味合いである。総合不動産税は、地域間格差の是正、地方公共団体の財源確保、不動産投機の抑制を目的とした、一定の公示地価[38]以上の不動産に対して課税されるものである。その課税の対象は非常に限られているため、一般的に他の内国税[39]に比べ、有権者に幅広く新たな税負担を求めるような税金ではなく、その負担は一部の富裕層だけに集中している。例えば、2005 年 9 月、財政経済部の金ヨンミン税制室長は、「国民の 98％は総合不動産税とは無関係である[40]。」としている。そのため、都市部における貧富の格差の大きい韓国において、総合不動産税はいわゆる「金持ち区」以外においては一般的に支持されている。つまり、富裕層が集中しているいわゆる「江南」とほかの地域では同じソウル特別市民でありながら、教育、生活の質、所得、地価、住宅の価格等において歴然とした差がある。これらの差に起因する「反江南」感情も根強い。そして、「江南」対「非江南」という一種の対立構図も存在している。

　総合不動産税の導入をめぐる国会での審議の段階で、総合不動産税の主な負担者である、ソウル特別市の江南区、瑞草区、松坡区、中区などのいわゆる「金持ち区」で当選した 8 人[41]の議員は、第 17 代国会の国会行政自治委員会などの場において、総合不動産税の導入に反対したが、反対を貫くことはできなかった。以下、その理由を中心に検討を加える。

　韓国においては、法案や政策について、党内において議員の意見が分かれる場合は、当然、国民の世論を踏まえた、政党指導部の意向が大きく反映されるという[42]。そのため、政党の指導部の立場と異なる立場を取り続ける議員は次の選挙に際して公認を受けることが困難になる場合が多いと言える。前述のように、ソウル特別市など地域主義の表れない地域の選挙区に立候補しようとする候補者や国会議員にとっても政党からの公認は当選のための第一歩である点

を考慮すると、不満派議員は政党の指導部の立場に同調するか離党するかという難しい選択を迫られることになる。離党する場合には三つの選択肢が考えられる。自ら結党するか、ほかの政党に入るか、無所属で立候補するかである。第一に、自ら新党を結成するとしても、韓国においては、地域主義の援護を受けている既存の政党の基盤が非常に強く、その壁も高いため、それを乗り越えるだけの破壊力がなければ、新党を結成するとしても、政党として勢力を伸ばすことは至難である。第二に、ほかの政党に入る方法である。例えば、ハンナラ党を離党し、民主党に入るのは殆ど不可能である。各政党の支持基盤とする地域が異なる－ハンナラ党：嶺南、民主党：湖南－ため、仮に、ハンナラ党から民主党へ鞍替えした場合、変節者とされ、政治生命が危うくなる可能性が非常に高い。また、地域主義の援護を受けられない、いわゆる郡小政党が韓国政治の舞台において活動を展開するのは非常に困難である。また、群小政党のラベルをつけて選挙に立候補するとしても当選する可能性は殆どないと言える。事実、第15代国会議員総選挙から第18代国会議員総選挙まで、いわゆる群小政党から立候補し、ソウル市内の選挙区で当選したのは文國現議員が唯一である。文議員は2007年10月に結党された創造韓国党の公認を受け、2008年4月の第18代国会議員総選挙に立候補して当選した。しかしながら、創造韓国党の支持基盤が急速に弱まり、文議員自らも選挙法違反事件で辞職に追い込まれた。そのため、創造韓国党は存続の危機に瀕していたが、2012年4月、解散した。第三に、無所属で立候補する方法である。これも候補者個人にとってあまり魅力的な選択肢ではない。つまり、前述の表2－14（本書124頁）と表2－16（本書125頁）のように、ソウルにおける無所属候補の得票率はあまり高くなく、ソウルから無所属で立候補して当選したケースもあまり多くない。

4）ソウル特別市における財産税の共同課税制度の導入

2005年11月9日、開かれたウリ党の禹元植議員をはじめとした90人の議員が署名した地方税法一部改正法律案が国会に提出された。この法案の主な内容は、ソウル特別市内の各区間の税収格差が小さい自動車税、走行税、タバ

コ消費税を区税に変更し、各区間の税収格差が大きい財産税を特別市税に変更することによって、ソウル特別市の均衡発展を図るというものであった。この法案の検討報告では、タバコ消費税は、禁煙運動が広がっているため税収が落ち込む可能性があり、自動車税や走行税は、交通渋滞が深刻な社会問題にもなっており、多額の社会的コストが発生しているため、自動車の需要が低迷する可能性もあり、その結果として走行税収の増大もあまり期待できないとされている。

　このような開かれたウリ党の動きに対し、ハンナラ党は、2005年12月6日、金忠環議員をはじめとした53人の議員が署名した地方税法一部改正法律案を国会に提出した。この法案の主な内容は、ソウルの非住宅分財産税の50%を共同税にするというものであった。

　そして、2007年4月2日、開かれたウリ党の禹元植議員をはじめとした18人の議員が署名した地方税法一部改正法律案が国会に提出された。この法案の主な内容は、区税である財産税をソウル特別市税に変更し、各区間の税収格差の緩和を図るというものであった。この法案の検討報告では、全国234の地方公共団体において、財産税は基礎地方公共団体で徴収されているため、ソウルだけで特別市税、つまり、広域地方公共団体で徴収できるようにすることは公平の原則に照らして、不適切であるとした。この法案に署名した議員は18人であるが、全員がこの制度によって税収の増大が予想されている区の選挙区で当選した議員である。

　これに対し、ハンナラ党は、2007年4月12日、金忠環議員をはじめとした53人の議員が署名した地方税法一部改正法律案を国会に提出した。金議員らは2005年12月に、自ら国会に提出した地方税法一部改正法律案を撤回し、この法案を提出したが、法案の概要は撤回された法案と同じものであった。

　この4件の法案の中、1件は撤回され、3件は代替案廃棄となり、2007年7月2日、国会行政自治委員長の代替案として、ソウル特別市における財産税の共同課税を盛り込んだ地方税法一部改正法律案が国会に提出され、その翌日の7月3日、国会本会議で可決された。この法律の主な内容は、区税である財産税の40%をソウル特別市が直接徴収し、それをソウル特別市内25区に

表 2-27　地域別の財産税徴収額　　　　　　　　　　（単位：100 万ウォン）

	自治区	郡
ソウル	226,760	—
釜山	61,192	1,137
大邱	42,866	2,290
仁川	43,598	950
光州	22,988	—
大田	27,352	—
蔚山	17,867	3,241
	市	郡
京畿	202,412	4,842
江原	16,414	5,842
忠北	15,248	7,039
忠南	18,037	8,256
全北	22,597	3,263
全南	17,151	7,620
慶北	32,889	6,181
慶南	43,317	5,563
済州	7,186	1,556

・出処：『地方財政年鑑』2004 年度版。なお、2003 会計年度一般会計予算基準。

均等に配分するものである。この制度の導入によって、各区間における財産税の税収格差は、2007 年度の最大 14.8 倍から 2010 年度には 5.4 倍に緩和されると予想されている[43]。25 区の中、4 区だけが税収が減少し、21 区においては税収が増える効果があり、平均 83 億ウォンずつ税収が増えると予想されている。

　ここで重要なのは、二つの主要政党とも財産税共同課税制度関連の法案を提案していることである。そして、例えば、開かれたウリ党の国会議員が法案を提案すると、あまり時間が経たないうちにハンナラ党の議員も似たような法案を提案している。これはソウル特別市内の各区間における財政格差を緩和するための法案を提案することによる開かれたウリ党の評判の向上を牽制し、ハンナラ党も似たような内容の法案を提出することによって、評判の向上を図ると同時に、有権者にハンナラ党の存在感をアピールする狙いがあったためである

第 6 節　分析　153

と考えられる。また、これらの法案に署名した議員の数がほかの法案に比べ非常に多いということも重要である。つまり、このような内容の法案を国会に提案することによって、国会議員個人としての評判を高める効果もあると考えられる。実際、これらの法案に署名した議員の中、約70％の議員が2008年の第18代国会議員総選挙で再選を果している[44]。

　次に検討すべきは、財産税の共同課税制度がなぜほかの地方公共団体には導入されていないかである。それには次のような三つの理由があると考えられる。

　第一に、ソウル特別市以外の地域の有権者の反応がいまいちであったことを指摘できる。財産税共同課税制度についての世論調査[45]の結果によると、ソウル特別市においては、回答者の73.1％が賛成しており、賛成している回答者の割合はほかの地域より圧倒的に高い。しかしながら、ほかの地域においては、回答者の反応はいまいちで、仁川・京畿道においては、「賛成」は半数にも満たない44.6％に過ぎない。そして、地域主義の表れる全羅南道・光州においては、「賛成」が43.1％に過ぎない。同じく地域主義の表れる全羅北道においては、「賛成」が28.2％に過ぎず、「反対」が34.8％で、「反対」が賛成を上回っている。

　第二に、農村部など地域主義の表れる地域においては、財産税共同課税制度を導入しても、各政党の支持基盤になる地域の有権者に対して、補助金のように「私たちはほかの地域の有権者に比べ、優遇されている。」というメッセージを送ることはできない。世論調査の結果に表れた有権者の反応はこれを裏付けるものであると考えられる。そのため、それらの地域における政党や国会議員の集票戦略としてはあまり有効ではないと考えられる。第三に、財産税収の絶対額自体が不足していることも一因として指摘できると考えられる。表2－27は地域別の財産税の徴収額である。たとえば、京畿道を除くと、財産税徴収額がソウルの10分の1程度しかない地方公共団体が多い。仮に、ソウル特別市において導入されたような、財産税共同課税制度が導入されたとしても、財産税の税収の絶対額自体が不足しているため、財産税の税収を広域地方公共団体で集めて各基礎地方公共団体に配分するための原資が不足すると考えられ、それによる格差是正の効果はあまり期待できないと考えられる。

（3）地域主義の表れる地域での得票戦略

1）補助金増額の手段—国家均衡発展特別会計の導入

　国家均衡発展特別会計は地域開発勘定と支援地域革新勘定で構成される。地域開発勘定の中には、地域におけるインフラの整備、農漁村への投資、奥地・島嶼地域開発、災害危険地区の整備、グリーンベルトの管理などの事業が含まれる。そして、支援地域革新勘定には地域戦略産業の育成、地方大学の育成、地方におけるR&Dの支援などが含まれている。また、2006年度の371の補助事業の中、国家均衡発展特別会計から補助金が当てられているのは130事業である[46]。そして、中央省庁から自らの補助金を使わせるためのロビーもなされている。

　また、表2－28の国家均衡発展特別会計予算額の推移を見ると、この会計の導入以来、毎年10％以上の増加率を示している。これは他の予算項目の増加率を上回るものである。2008年度は、7兆6,382億ウォンである。2009年度予算案[47]においては、2008年度より7.4％増え、約8兆2千億ウォンが計上されており、増加率も2008年度の6.8％より高い。

表2-28　国家均衡発展特別会計予算額の推移　　　　　　　　（単位：億ウォン）

年度	予算額	増加率（％）
2005	54,650	—
2006	63,114	15.5
2007	71,498	13.3
2008	76,382	6.8
2009	82,000	7.4

・出処：『予算概要』各年度版。
・2005年度から2007年度については決算額、2008年度、2009年度については予算額である。
・2010年度から、地域広域発展特別会計に変更されているため、2010年度については考慮から外す。

2）補助金の重要性

　韓国における国会議員の集票戦略としての補助金の重要性を検討するため、国会議員金泳鎮の宣伝パンフレットの内容の一部を紹介する。彼は、当選5回で、彼の地盤は光州であり、光州では地域主義が表れている。

「希望の政治、金泳鎮」

「西区に不足している発展財源、金泳鎮が確保しました！」

「2008年度西区役所懸案事業の推進のために特別交付税35億ウォン追加投入！」

「サンム市場進入路工事費として特別市費補助金80億ウォン確保！」

「2009年度西区役所国費補助671億ウォン確保！」

　前述の分権交付税や不動産交付税と異なり、補助金は地域主義の表れる地域での集票戦略であると考えられる。

　表2-29は、2001年度から2009年度までの嶺南と湖南への補助金配分額と嶺南と湖南の地域内総生産との相関分析の結果を示している。正の相関で、相関係数は0.68である。統計的には相関係数0.7以上が強い相関とされているため、厳密には強い相関とは言えないが、ほぼそれに近い。これは、補助金関連の法律に定められている補助金配分のあり方とは相反する補助金の配分がなされていることを裏付けるものであると考えられる。

　つまり、補助金の予算及び管理に関する法律施行令第5条においては、財政的に豊かな地方公共団体に対しては、基準補助率によって定められた金額から20％削減できると定められている。逆に、財政的に厳しい地方公共団体に対しては、基準補助率によって定められた金額から、地方公共団体の財政状況によって10％から20％増額できると規定されている。しかしながら、表2-29は、同法律の規定とは相反すると言える結果であり、補助金の配分が政治的配慮によってなされていることを裏付けるものであると考えられる。

　そして、表2-30から分かるように、地域主義の表れる嶺南、湖南地域の選挙区への立候補者はインフラの拡充や補助金の獲得を強調している。しかしながら、前述の表2-25（本書148頁）から分かるように、社会福祉関連の公約を掲げて当選しているのは嶺南、湖南地域の当選者全体の約20％に過ぎ

ない。
　そして、嶺南、湖南に支持基盤を持ち、再選を目指す国会議員は予算案編成の時期になると、財政・予算当局をたびたび訪れ、補助金の確保に必死になっている[48]。
　また、韓国の補助金は、国会議員が政治的手腕を発揮する手段として用いやすい制度的特徴がある。つまり、国庫補助率に関する法令上の規定の不十分さである。2006年度の場合、371の補助事業の中、補助率が法律、つまり、

表2-29　地域内総生産と補助金配分額の関係

Correlations		Income	grant
income	Pearson Correlation	1	.680**
	Sig. (2-tailed)		.002
	N	18	18
grant	Pearson Correlation	.680**	1
	Sig. (2-tailed)	.002	
	N	18	18

**. Correlation is significant at the 0.01 level (2-tailed).
・SPSSを用い、筆者が分析を行った。

表2-30　地域主義の表れる地域における国会議員総選挙立候補者の選挙公約と実績

	選挙区	公約と実績
張倫碩	慶尚北道榮州	リゾート地開発
		産業コンビナート建設
		農畜産業保護
權㷌錫	慶尚南道昌原	教育インフラ拡充
		農村生活環境改善、所得基盤拡充
		活力ある農村づくり
		西部地域老人福祉館特別交付税5億ウォン確保
		科学研究団地建設費確保—初年度分10億ウォン確保
李洛淵	全羅南道霊光・咸平・長城	地方道16号線国道への昇格
		インフラ拡充
		霊光産業団地造成

・出処：各議員個人のホームページを参考に筆者が作成。

補助金の予算及び管理に関する法律で定められているのは、121の事業（約33%）だけであり、残りの67%の事業については、法律上の規定はない。そのため、国会議員の介入の余地が非常に多く、彼らの判断や手腕次第で補助率や補助金の配分額が決まると考えられる。実際、2010年12月8日、2011年度予算案が国会で可決される寸前、4,613億ウォンが増額された。その中、ハンナラ党の支持基盤である嶺南地域への増額は151事業に対して3,084億ウォンで、増額された予算額全体の66.8％である。その内訳は、慶尚南道には38事業、700億ウォン、釜山には12事業、293億ウォン、蔚山には4事業、29億ウォン、大邱には11事業277億ウォン、慶尚北道には3事業、1,795億ウォンである。一方、湖南への増額は2事業55億ウォンに過ぎない。増額された予算のほとんどは土建関連の予算である。

　そして、表2－31は2003年度から2010年度までの嶺南と湖南の地域内総生産と補助金配分額を示している。地域内総生産においては、嶺南が湖南のそれより3倍程度多い。しかしながら、嶺南に比べ、地域内総生産の少ない湖南への補助金は嶺南へのそれの80％にも達していない。また、2007年度以

表2-31　嶺南と湖南の補助金配分額

（単位：100万ウォン（補助金）、10億ウォン（地域内総生産））

	嶺南		湖南		両地域の比較	
	地域内総生産 (A)	補助金 (B)	地域内総生産 (C)	補助金 (D)	(A)/(C)	(D)/(B)
2003年度	208,502	3,316,287	75,298	2,543,727	2.8	76.7%
2004年度	228,666	3,709,196	81,682	2,701,745	2.8	72.8%
2005年度	238,530	4,598,970	86,933	3,543,029	2.7	77.0%
2006年度	242,270	5,442,291	88,969	4,168,913	2.7	76.6%
2007年度	266,126	6,782,418	97,793	4,741,071	2.7	69.9%
2008年度	283,296	7,781,329	105,076	4,977,410	2.7	69.9%
2009年度	283,809	8,798,230	106,885	5,499,775	2.7	64.0%
2010年度	―	9,744,947	―	6,268,428	―	64.3%

・出処：『地方財政年鑑』各年度版と統計庁ホームページを参考に筆者が作成。
・一般会計決算基準。2010年度については一般会計予算基準。
・2010年度地域内総生産は、2011年3月現在、公表されていない。

降においては、その差は更に拡大した。

　ここで検討の対象になった時期においては、ごく一部の時期を除き、2008年度まで分割政府の状態が続き、大統領と開かれたウリ党の支持基盤である湖南への集中的な補助金の配分はできなかったといえる。そうであるとすれば、嶺南への補助金の配分額が湖南へのそれより多いというこの事実は、地域主義の下で、国会議員による補助金の集中的な配分の結果であると考えられる。その意味で、補助金は国会議員の手腕を見せるための手段であり、有効な集票戦略であると考えられる。

　つまり、湖南地域より多くの補助金を嶺南地域に配分することにより、嶺南地域の住民に「我々は湖南地域の住民より優遇されている。」というメッセージを送ることができる。そして、そのようなメッセージは嶺南地域の住民の心理的満足感につながり、その地域を支持基盤とする政党－ハンナラ党－の候補者への更なる支持につながると言える。

　次に、湖南を支持基盤とする国会議員について検討する。

　表2－32は、1998年度と1999年度の地域別補助金配分額の変化である。

　1997年12月のIMF外国為替危機の発生により、1998年の上半期に予算が集中的に投入された。この時期においては、1998年2月の金大中政権の誕生以来、湖南を支持基盤とする新政治国民会議は自由民主連合と連立を組み、野党ハンナラ党の影響力を弱めようとした。しかしながら、1998年の補助金配分額はハンナラ党の支持基盤である嶺南が多い。また、1999年度の補助金の総額も嶺南が多い。しかしながら、1998年度に比べた補助金の増加額は、湖南が嶺南のそれより4倍近く多い。当然であるが、嶺南と湖南の補助金配分額の差も格段に減少しており、1998年度の約1,169億9千9百万ウォン

表2-32　地域別の補助金配分額の変化[49]　　　　　（単位：100万ウォン）

	1998	1999	増加額
嶺南	1,457,196	1,493,224	36,028
湖南	1,340,197	1,454,625	114,428

・出処：『地方財政年鑑』1998年度版、1999年度版を参考に筆者が作成。
・1998年度のデータは一般会計決算、1999年度のデータについては、一般会計予算。

から1999年度には385億9千9百万ウォンになっている。

　この点との関連において検討すべきことは、湖南を支持基盤とする政党は嶺南を支持基盤とする政党に比べ、非常に弱い立場に置かれているということである。つまり、歴代政権において、補助金は湖南より嶺南に多く配分される傾向が長年続いていた[50]。そのため、その配分額自体を大きく変えること、例えば、湖南に非常に多くの補助金を配分し、嶺南の分を急激に減らすことは非常に困難な構造として定着しており、湖南を支持基盤とする国会議員は補助金増加額において嶺南との差をつけるか、補助金配分額の差を縮めることしかできないと考えられる。そして、表2－31においては、2005年における湖南への補助金配分額は嶺南への補助金配分額の77.0%であり、検討の対象になった時期において最も多い。この年も分割政府の状態が続いていたため、湖南を支持基盤とする開かれたウリ党は嶺南との補助金配分額の差を縮めることしかできなかったと考えられる。

　それは、軍事政権時代から40年近く、嶺南を支持基盤とする政権が続き、彼らの得票戦略として、支持基盤としての嶺南地域への集中的な利益誘導がなされていたためである。民主化以降の1998年2月に、湖南を支持基盤とする金大中政権が発足したが、このような嶺南の優位は簡単には覆されないものである。

　以下、この点に関連した一連の流れを検討する。日本の植民地時代に一定の社会資本整備が進められ、人口（労働力）が集中していたソウルと釜山という二大都市を結ぶ幹線鉄道の京釜線に沿って社会資本整備が進められたため、その京釜線の周辺地域、つまり、嶺南地域には相対的に多くの資本投下が行われた。そのような、嶺南の経済的基盤の上に、1960、70年代に朴正熙大統領が「経済成長第一主義」を掲げ、効率性を最優先した補助金の配分を行った[51]が、朴大統領が慶尚北道（嶺南）出身であるということもあって、これが嶺南への利益誘導と印象付けられるようになった[52]。また、これが民主化以前の「与村」の構図を形成したと考えられる。また、民主化以降においては、盧泰愚大統領[53]が嶺南地域に配慮した補助金の配分を行ったと言われている[54]。

　このような特定の地域への利益誘導により、工業部門における地域間格差[55]

が大きくなったと考えられる。1983年には、工業部門従事者の87.2％、付加価値の83.23％を、ソウル、京畿、慶南北（嶺南）が占めるようになり、湖南地域との格差は拡大した。1992年には、工業部門従事者の82.5％、付加価値の79.7％となり、格差が若干縮まったとはいえ、依然として大きい。その後においても、この傾向はあまり変わっていない。このような工業部門における地域間格差が、前述のような、嶺南と湖南の地域内総生産の格差の一因であると考えられる。

（4）権限移譲

　韓国における地方分権改革の一環として、大統領は中央政府―地方政府間における事務の配分を根本的に変えることができるような、思い切った権限移譲を推進しようとしている。しかしながら、権限移譲に関連する一連の制度設計の状況は、政党や国会議員にとって、無難な選択とも言える形でしか行われていない。以下、この点をより詳しく検討する。

　地方公共団体に移譲された権限の数だけを見れば、権限移譲はある程度なされていると言えるが、地方公共団体独自の政策形成のできるような実質的な権限はあまり移譲されていない。権限移譲についてのアンケート調査の結果はこれを裏付けている。国家公務員、地方公務員、地方議会議員など1,865人を対象に、2005年11月に地方移譲推進委員会が実施したアンケート調査の結果によると、「権限移譲の成果をあまり感じられない。」という回答が41.9％であった[56]。また、「移譲されるべき事務はまだ多く残っている。」との回答は60.8％であった。これには、国会議員によるコントロールの余地を残しつつ、国会議員自らの手腕の見せどころを確保しておきたいという思惑があると考えられる。この点を詳しく検討する。

　地方自治法第9条には「地方自治団体の事務範囲」が定められている。第9条①では、「地方自治団体は所轄の区域の自治事務と法令により地方自治団体に属すると定められた事務を処理する。」と規定されており、第9条②では、「第9条①の地方自治団体の事務を例示すれば次の通りである。」と定められ、1.

地方自治団体の区域、組織、行政管理等に関する事務、2. 住民の福祉の増進に関する事務、3. 農林、商工業等、産業の振興に関する事務、4. 地域開発と住民の生活環境に関連する施設の設置、管理に関する事務、5. 教育、体育、文化、芸術の振興に関する事務、6. 地域の民防衛及び消防に関する事務と規定され、それぞれの項目ごとにいくつかの事務が例示されている。日本においては、法定受託事務の導入によって改正される前の地方自治法の別表4のような、具体的な規定があったが、韓国においてはそのような規定はなく、当該事務が自治事務であるのか、機関委任事務であるのかを巡り、解釈の余地が大きい。そのため、自治事務と機関委任事務の区別や権限の帰属を巡る訴訟も頻繁に起こされている[57]。

　また、自治事務と機関委任事務の区別が明確ではない場合が多く、自治事務にも補助金が当てられる場合が多い。例えば、1999年度の場合、自治事務の38.4％に補助金が付けられている[58]。これらの点から、韓国においては、国会議員による地方行財政的コントロールの範囲が非常に広いことがわかる。また、国会議員は補助金の配分という手段を用いて自らの手腕を発揮できるための、良い条件が形成されていると考えられる。

　そして、権限移譲については、まず、基本的に地方移譲推進委員会において、地方への移譲対象になる事務が選ばれる。しかしながら、最終的に移譲が完了するためには、法律の改正が必要であり、国会議員によるコントロールが可能である。実際、2000年から2010年まで、国務会議において移譲が決定した事務は2,746件であるが、国会における法律改正などの手続きを経、移譲が完了したのは1,440件である。

　そして、国会が地方移譲一括法案の受理を拒否したことについてである。政府は権限移譲における国会の影響力を排除するため、2004年11月に、地方移譲一括法案を国会に提出しようとした。同法案の目的は、国務会議で選ばれた権限移譲対象事務関連の個別法律を改定せず、権限移譲対象事務を一括して盛り込んだ法律を制定することによって、移譲を確定させることであった。しかしながら、国会は地方移譲一括法案の受理を拒否した。その理由として同法案の審議を進める所管の常任委員会[59]がないことを挙げている。地方移譲一

括法案の受理が拒否されたため、国務会議で選ばれた権限移譲対象事務の移譲が最終的に決定するためには個別の事務ごとに関連法律の改正が必要である[60]。国会議員による地方移譲一括法案受理拒否の背景には権限移譲対象事務を選ぶ上で影響力を行使することによって、国会議員の得票戦略上有利な方向に権限移譲を進め、権限移譲に伴う財政支援策についても、国会議員の得票戦略上有利な方向に誘導したいという思惑があると言える。

　前述のように、大統領は国務会議で選ばれた権限を一括して地方公共団体に移譲するために、地方移譲一括法を制定しようとしている。しかしながら、国会は地方移譲一括法案の受理を拒否している。地方移譲一括法案が国会に提出されると、国会議員は移譲させる権限と移譲させない権限を選ぶことはできなくなり、地方移譲一括法案を可決させるか否決させるかの選択肢しか持たなくなる。仮に、地方移譲一括法案を否決させると、地方分権改革に逆らうとして厳しい批判に晒される可能性が非常に高い。仮に、可決させたとすると、権限移譲に伴う財源措置が必要になるため、大統領が進めようとする大規模な税源移譲を阻止できなくなる可能性が高まる。そうなれば、国会議員としては補助金の財源を確保するのが困難になる可能性も高まる。

　また、国会議員による地方移譲一括法案受理拒否の背景には、普通交付税法定交付率引き上げを阻止したいという国会議員の思惑があると考えられる。

　大統領は権限移譲に伴う財政対策として、普通交付税法定交付率引き上げも主張している。大統領にとって、普通交付税法定交付率引き上げは地方公共団体の財政対策としては有効である言える。しかしながら、国会議員の得票戦略としてはあまり有効ではない。そのため、国会議員は普通交付税法定交付率引き上げを阻止するために、大統領が国会に提出しようとした地方移譲一括法案の受理を拒否し、個別法案の改正によって、権限移譲対象事務を選んでいると考えられる。前述のように、国会は社会福祉関連の事務を多く移譲させることによって、社会福祉サービス需要の多い首都圏や都市部などへの財政支援の重要性を、大統領に認識させることによって、大統領を首都圏や都市部などへの財政支援につながる分権交付税の導入に誘導したと考えられる。

　要するに、数だけを考慮すれば、権限移譲はある程度なされているが、前述

のように、地方公共団体独自の政策形成のできるような実質的な権限はあまり移譲されていないため、各事業省庁にとって、権限移譲によるダメージを最小限に抑えることができると考えられる。これは、権限移譲が事業官庁による大きな反対を招いていない一因であると考えられる。

これらのことが、内容的には不十分ではありながらも数だけの権限移譲はある程度なされている理由であると考えられる。

1　1972年に制定された維新憲法における大統領の地位
2　日本の最高裁判所に当る。
3　YAHOO KOREA! 百科事典。尚、前述の大統領に対する牽制策としての弾劾訴追の憲法上の意義については、浅羽、2004年。
4　国際新聞、2007年2月23日付。
5　ユーロフォーカス、2007年2月24日付。
6　中央日報、2011年1月2日付。
7　国際新聞、2007年2月23日付。
8　2008年8月に筆者が行った、元青瓦台関係者の金京逸国務総理室社会葛藤管理課長へのインタビュー。
9　例えば、大統領による緊急措置を挙げることができる。大統領を批判したり、憲法を批判し、反対したりする者を、緊急措置によって逮捕状なしで逮捕、拘留できる。
10　「満足」、「非常に満足」を合わせた数字
11　大西、2004年、203頁。
12　例えば、蘇スンチャン、2002年。の分析もこの記述の裏づけになる。
13　新政治国民会議の略。以下、同様である。
14　2003年1月に筆者が行った、慶尚北道議会の張旭議員へのインタビュー。
15　有権者の投票の方向を規定する要因としては、主に政党志向、候補者志向、政策争点志向の三つが考えられる。尚、韓国における有権者の政党志向の投票行動については、趙重斌、1999年a；趙己淑、1999年。などを参照。
16　これについては、大西、2005年。が詳しい。
17　民主化以降の選挙の都市部における政党の支持率は、このような主張を裏付けている。例えば、1988年の第13代国会議員総選挙において、ソウルでは、民主正義党26.2％、統一民主党23.4％、平和民主党27％であった。2000年の第16代国会議員総選挙において、ソウルでは、ハンナラ党43.3％、民主党45.1％であった。仁川においては、ハンナラ党41.7％、民主党40.6％であった。詳細については、大西、2004年、

198 − 199 頁参照。
18　Cain, Bruce, Ferejohn, John and Fiorina, Morris,1987。尚、政党投票を前提にした国会議員の政策志向についての記述については、大西、2005 年、80-81 頁参照。
19　総務省ホームページ。
20　北村、2006 年、234 頁。
21　北村、前掲書、234 頁。
22　地方交付税法施行規則第 3 条
23　韓国の会計年度は 1 月 1 日から 12 月 31 日までである。
24　例えば、2003 年度予算案から 2011 年度予算案まで 9 年連続で、予算案の処理期限内に採決が行われず、会計年度開始直前になって予算案が可決されている。
25　日本の義務教育国庫負担金に類似したものである。
26　調整率は毎年の予算の都合によって変わることがある。
27　200 位以下を含む。
28　權オソン、2005 年、186 頁。
29　權オソン、前掲書、183 頁。
30　補助金の予算及び管理に関する法律施行令第 5 条
31　補助金の予算及び管理に関する法律施行令第 5 条
32　地方交付税法第 4 条①。
33　地方交付税法付則（2004 年 12 月 30 日、法 7257）②「分権交付税の運営期限等」
34　地方交付税法付則（2004 年 12 月 30 日、法 7257）②「分権交付税の運営期限等」
35　仁川経済正義実践市民連合プレスリリース、2008 年 6 月 29 日付。
36　財政力逆指数（1 −財政力指数）に基づいて算定される。
37　例えば、2006 年のデータによると、基礎生活保障（日本の生活保護に当たる。）受給者の数は京畿道が最も多く、それに次いでソウルが多い。つまり、京畿道では約 20 万 3 千人、ソウルでは約 19 万 2 千人である。
38　日本の路線価に当る。なお、この税の導入当初は、いずれも公示地価を基準にして、6 億ウォン以上の住宅、6 億ウォン以上の空き地、40 億ウォン以上の事業用土地に課税されていた。
39　所得税、法人税、付加価値税、特別消費税、酒税などである。
40　E-Daily、2005 年 9 月 13 日付。
41　金徳龍（瑞草区）、李恵薫（瑞草区）、孟亨奎（松坡区）、朴啓東（松坡区）、李根植（松坡区）、朴成範（中区）、孔星鎮（江南区）、李鍾九（江南区）議員である。この中、李根植議員だけが開かれたウリ党所属であり、ほかの議員はハンナラ党所属である。
42　大西・建林、2009 年。
43　ソウルニュース、2007 年 7 月 6 日付。
44　韓国国会議案情報システムと韓国国会ホームページ。
45　2007 年 7 月 4 日、CBS（キリスト教放送）が世論調査機関のリアルタイムメーターに依頼し、全国の 19 歳以上の男女 500 人を対象にして行われた。
46　權オソン、前掲書、186 頁。

47 2009年度予算総額は約287兆5千億ウォンである。
48 2004年6月、財政経済部関係者へのインタビュー。
49 当時のIMF外国為替危機の関係で、特に、農村部などがより大きな打撃を受けたと考えられ、補助金の意味も農村部のほうがより大きいと言えるため、ここの分析では、広域市など都市部を除き、嶺南として慶尚南北道、湖南として全羅南北道のデータを用いる。
50 全相京、1995年。
51 全相京、前掲論文、710頁。
52 出水、1998年、66頁。
53 1988年2月から1993年2月まで在任。
54 全相京、前掲論文、710頁。
55 ここで説明に用いた地域間格差のデータについては、経済企画院『韓国統計年鑑』各年度版。
56 地方移譲推進委員会、2007年、28頁。
57 例えば、大法院1995.12.2295チュ32においては、道知事から市長・郡守に墓地等の許可権を委任したのを機関委任事務であるとした判断が示されている。
　憲裁（憲法裁判所）2004. 9. 23. 憲ラ2においては、唐津郡と平澤郡との権限争いについて、地籍公簿の保存関連の業務は機関委任事務であるとした判断が示されている。
58 金ジョンフンほか、2000年。
59 所管ごとの法案などの審議のための委員会。現在、韓国国会には16の常任委員会がある。
60 2004年11月26日から12月13日の間に、49件の個別法案が国会に提出された。

第7節　韓国の民主主義と地域主義

　民主化以降の韓国国民と地方公共団体は地方自治の発展や地方分権改革の進展を求めている。そのため、民主化以降の韓国の歴代政権において、地方自治の発展や地方分権改革の進展は国政における最重要課題の一つとして位置づけられている。そして、地方自治の発展や地方分権改革の進展のために、地方公共団体の行財政的自律性強化に向けた政策努力が大統領を中心としてなされている。

　民主化以降の韓国において、大統領が進めている地方公共団体の行財政的自律性向上のための権限移譲と税源移譲を中心とした地方分権改革という方向性は正しいが、格差をなくす租税制度を作ることは不可能であるため、大幅な権限移譲とそれに見合う税源移譲を進め、格差の是正は地方分権改革とは別の枠組み、つまり、国家均衡発展政策によって進めるべきである[1]。

　しかしながら、地方分権改革は必ずしも地方公共団体の行財政的自律性の抜本的な強化につながる形ではなされていない。また、国家均衡発展特別会計が導入されてはいるが、それは国家均衡発展政策本来の趣旨に合致するものではなく、国会議員の補助金確保の手段に過ぎないと考えられる。以下においては、そのような地方分権改革しかなされない理由を探る。

　民主主義体制においては、政治競争の結果の不確実性が存在するという[2]。つまり、民主主義体制においては、どの候補者、どの政党も選挙に負ける可能性がある。しかしながら、民主化以降の韓国においては、地域主義によって、政治競争の結果の不確実性がかなり低減していると言える。

　要するに、民主主義体制においては、政治に不満を持つ有権者は、選挙によって国会議員に制裁を加えることによって現状の改善を求めることができる。しかしながら、韓国の地域主義の下においては、特定の地域において、支持を独占する政党と徹底的に排除される政党が非常に明確である。また、特定の地域

において、徹底的に排除される政党は、不満の捌け口としてもあまり考慮されていない。つまり、地域主義の下において、有権者が政治に不満を持っているとしてもその不満の捌け口を見つけることは非常に難しいといえる。そのため、民主化以降の韓国政治においては、地域主義によって、有権者が選挙によって国会議員に制裁を加えることは非常に困難であると考えられる。ここで、最近の国会議員総選挙の結果からこの点を再確認したい。表2－33は2012年4月に行われた第19代国会議員総選挙の結果である。ここでも地域主義が相変わらず表れている。例えば、嶺南を支持基盤とするセヌリ党[3]は嶺南（釜山広域市、大邱広域市、蔚山広域市、慶尚北道、慶尚南道）で殆どの議席を独占している。しかしながら、民主統合党[4]の支持基盤である湖南（光州広域市、全羅北道、全羅南道）では情勢が逆転し、セヌリ党は議席の獲得ができなかったが、民主統合党が殆どの議席を独占している。このような結果は韓国における地域主義の根の深さを物語っている。

そして、地域主義の下における国会議員にとっては大統領が進めている地方公共団体の行財政的自律性の抜本的な強化のための地方分権改革に協力するより、補助金の増額を目指すことが得票戦略上有利になり、それによって政治競争の結果の不確実性をかなり低減させることができると言える。地域主義の存在によって、国会議員としては税源移譲によって地方公共団体の自主財源が増えるより、できるだけ多くの補助金を確保するのが再選に有利であると考えられる。そのため、国会議員は格差深化の懸念を訴え、できるだけ多くの補助金など移転財源を確保することが最善の戦略である[5]。

要するに地域主義が地方公共団体の行財政的自律性の抜本的な強化につながる地方分権改革の妨げになっていると言っても決して過言ではないであろう。

表 2-33 第 19 代国会議員総選挙の結果と地域主義

		議席数	セヌリ党	民主統合党	自由先進党	統合進歩党	無所属
合計		246	127	106	3	7	3
ソウル特別市		48	16	30		2	
仁川広域市		12	6	6			
京畿道		52	21	29		2	
江原道		9	9				
大田広域市		6	3	3			
忠清北道		8	5	3			
忠清南道		10	4	3	3		
嶺南	釜山広域市	18	16	2			
	大邱広域市	12	12				
	蔚山広域市	6	6				
	慶尚北道	15	15				
	慶尚南道	16	14	1			1
湖南	光州広域市	8		6		1	1
	全羅北道	11		9		1	1
	全羅南道	11		10		1	
濟州特別自治道		3		3			
世宗特別自治市		1		1			

・中央選挙管理委員会ホームページを参考に筆者が作成。

1 2008 年 5 月に筆者が行った京畿大学李在段教授へのインタビュー。
2 Przewroski, Adam, 1991.
3 2012 年 1 月、ハンナラ党から党名を変更し、セヌリ党になった。セヌリは新しい世の中という意味である。
4 2011 年 12 月 16 日、民主党を中心に、市民統合党と韓国労働組合総連盟が参加して誕生した。
5 正しい社会のための市民会議、2007 年；崔ビョンホ・チョンジョンピル、2007 年。

第 7 節 韓国の民主主義と地域主義

第8節　相互依存モデルと地域主義

　ここでは、日本の地方自治や政府間関係を説明するモデルとしての相互依存モデルを日本と似た地方自治制度を持つ韓国の地方自治や政府間関係の分析のために適用できるのかを検討する。
　前述のように、村松によると、日本の政府間関係は選挙を鍵とする政治に媒介された相互依存関係として最も適切に理解される。そして、相互依存モデルの最大の貢献が政治の発見である[1]。
　韓国においては、1990年代初め頃、地方自治の復活に伴い、地方公共団体首長の公選制が復活し、地方議会も設置された。それによって、外見上地方自治制度の外延は整えられたと言える。また、民主化以前とは異なり、民主化以降の韓国においては、手続き的な民主主義が保障されるようになった。
　そうであるとすれば、相互依存モデルの韓国の政府間関係分析への適用可能性を探るためには、韓国の政府間関係に関連する政治ルートがどのようなものであるかを探る必要があると考えられ、その観点から検討が欠かせないのがほかならぬ地域主義である。
　各政党の支持基盤となる特定の地域への集中的な行財政的資源の配分や利益誘導がほとんど例外なく、常に同じようなパターンで、いわば当たり前のようになされ、特定の政党の支持基盤ではない地域は行財政的資源の配分や利益誘導の観点から不公平に扱われる場合が非常に多い。そして、特定の地域への行財政的資源の配分や利益誘導は一応、国会議員、地方公共団体の首長、地方議会議員などによってなされる。しかしながら、それは多元的な政治ルートに様々なアクターが参加して織り成すプロセスであるとは必ずしも言えない。それは、有権者による特定の政党への盲目で独占的な支持と、これまた当り前のような、特定の地域への利益誘導に過ぎない。また、韓国の地方公共団体の活動量は日本のそれに比べ、非常に少ない。これらの点を考慮すると、国会議員、地方公

共団体の首長、地方議会議員などが地域の実情を政府間関係の文脈において積極的に反映させる余地はあまりないと考えられる。

そして、相互依存モデルにおいて指摘されているような、各政府レベルとも相互に独自の自由を持ち、情報と意見を交換し合って事業を推進していることができるのかについてである。

日本の地方公共団体は、政府間関係における「政治ルート」を活用することにより不足する資源を確保できる側面があると考えられる。しかしながら、韓国の地域主義の下における「政治ルート」は、行財政的資源の配分が特定の地域を優遇する方向で機能しており、あまり優遇されない地域の地方公共団体は不足した資源を確保するための手段—要するに、相互依存モデルで想定されているような政治ルート—を使うことができず、資源の不足を補うことは困難な状況である。

このような状況がもたらされた最大の要因は地域主義である。要するに、韓国の地域主義の下においては、相互依存モデルにおける政治ルートとは異なる「政治」が存在し、機能している。

次に、政党について考察する。本書では、国会議員に注目し、組織としての政党については考慮しない。それは、韓国における政党の統合力は、日本の自民党などに比べ、弱いと言えるためである。韓国においては、候補者や国会議員にとって政党ラベルは地域主義の援護を受けるためだけに必要なもので、必ずしも政策志向を共にするために必要なものではない。言い換えれば、地域主義の援護を受ける政党ラベルをつけて立候補することができるとすれば、どの政党かというのはあまり重要ではないと考えられる。政党幹部への忠誠も公認を受けることを前提とする。つまり、ある特定の政党の公認を受けることができなかった場合は、例えば、親朴連帯のような、地域主義の援護を受ける形でほかの政党を結成して立候補することができる。韓国の政党は離合集散を繰り返しているということはこの点の裏付けになると考えられる。

そして、民主化以降の韓国の大統領は任期の途中に離党している。これは、表向きには「国民の大統領になるため」であるが、実は、国会議員の反対によって、物事が進まないことへの反発であると考えられる。民主化以降の韓国にお

いては、大統領はたびたび分割政府の下で政権運営を迫られている。そのため、党派を超えた政党の協力なしには国政における課題の解決は困難である場合が多かった。実際、盧武鉉大統領の離党が取り沙汰されていた2007年2月頃、ある国会議員は「盧武鉉大統領の離党以外方法はない。」としている。当時、盧武鉉大統領は、アメリカとの自由貿易協定（FTA）締結のための交渉、不動産市場の安定、司法改革、国民年金改革などの課題に直面していた。実際、盧武鉉大統領は「国会のせいで大統領にできることは何もない。」と不満をもらしたことがある。

　5年単任のため、時間的制約がある韓国の大統領としては、任期が満了する前にできる限り成果を出したいと考えるであろう。そのため、離党は大統領にとっての苦渋の選択ではあるが、政権末期における統治戦略としてはやむを得ないことであると考えられる。このように、政党は大統領からも頼りにされていない。

　そもそも、韓国においては、政策的立場の違いによる対立軸の形成は困難であると考えられる。つまり、北朝鮮との対立の歴史が長いため、イデオロギー的許容範囲が狭く、多様な政策的立場が形成される余地が少ない。また、政策的立場が類似した人が集まって政党を結成するのではなく、特定の人物を中心に結党される場合が殆どである。したがって、政党間の対立軸は政策傾向ではなく、支持基盤とする地域ということになる。

　政党がまったく個々の国会議員に影響力を持っていないということではない。とくに地域主義が表れる地域での公認権の威力は絶大である。また、地域主義の表れない都市部の有権者への配慮の背景には、国会において多数を占めたいという政党としての戦略がうかがえる。しかしながら、離合集散を繰り返し、組織としての継続性が低い韓国の政党においては、長期的な戦略、例えば地域主義と決別し、都市部の有権者を代表する近代化戦略に基づき、政策傾向の類似性で候補者を集めるといった動きは見られない。

1　笠、1990年、66—67頁。

結　語

　本書においては、民主化以降の韓国において地方自治の発展や地方分権改革の進展は自明の政治的アジェンダであり、また実際に歴代大統領は積極的に抜本的な地方分権改革を進めようとしているにもかかわらず、地方分権改革、とりわけ税源移譲が限定的な形でしかなされていないのはなぜかを分析した。
　最大の理由は、民主化以降の韓国の政策形成プロセスにおける国会議員が地域主義の下で活動を展開しており、彼らの得票戦略として補助金などの移転財源の確保が重要でありつづけるためである。この点との関連で重要なのは、制度として国庫補助金の補助率の大部分が法定ではないため、国会議員の手腕次第で補助金の使われ方だけではなく、金額そのものが大きく違ってくる。要するに、国会議員が補助金の配分を得票戦略として駆使できる余地が大きいのである。
　ゆえに、韓国の政府間関係分析への相互依存モデルの適用には一定の留保が必要であると考えられる。韓国においては、1990年代初め頃、地方自治の復活に伴い、外見上地方自治制度は整えられたと言える。また、民主化以前とは異なり、民主化以降の韓国においては、手続き的な民主主義が保障されるようになった。地方自治というテーゼや地方分権という総論に対する国民の支持や期待も大きいことは各種世論調査結果からも明らかである。
　しかしながら、地域主義の存在により、韓国の政府間関係においては、選挙を鍵とする多元的な政治空間は形成されにくいと考えられる。それは、特定の地域への集中的な行財政的資源の配分や利益誘導がほとんど例外なく、常に同じようなパターンでなされており、ほかの地域は行財政的資源の配分や利益誘導の観点から不公平に扱われる場合が非常に多いためである。しかしながら、それは多元的な政治ルートに様々なアクターが参加して織り成すプロセスによって行われるとは必ずしも言えず、地域を軸にした有権者の盲目で独占的な

支持と、これまた当り前のような、特定の地域への利益誘導に過ぎない。この点において、地域の状況を反映した利益の誘導－日本においてはしばしば批判の対象とされる－に基づく日本における多元的な政治プロセスとは大きく異なる。

参考文献

和書文献（五十音順）

青木昌彦・奥野正寛『経済システムの比較制度分析』（東京大学出版会、1996年）。
秋月謙吾「非ルーティン型政策と政府間関係―関西国際空港計画をめぐる政治と行政（一）―（五・完）」『法学論叢』第123巻3,4,5,6号、第124巻第2号（1988年）。
秋月謙吾「利益・制度・イデオロギー―政治的結果の説明要因の新たな模索」『法学論叢』第131巻第2号(1992年)。
秋月謙吾「公共事業としての空港」『年報行政研究28 新保守主義下の行政』（ぎょうせい、1993年）。
秋月謙吾『行政・地方自治』（東京大学出版会、2001年）。
秋月謙吾「地方分権改革―比較分析に向けての序論」『法学論叢』第152巻5・6号（2003年）。
秋吉貴雄「政策移転の政治過程―アイディアの受容と変容―」『公共政策研究』第4号（2004年）。
秋吉貴雄「政策変容の容態とアイディア―わが国の航空輸送産業における規制改革を事例として」『年報行政研究41 橋本行革の検証』（ぎょうせい、2006年）。
秋吉貴雄『公共政策の変容と政策科学』（有斐閣、2007年）。
浅羽祐樹「二重の民主的正統性における代理人間問題―韓国の盧武鉉大統領弾劾という事例」『現代思想』2004年10月号。
新しい霞ヶ関を創る若手の会『霞ヶ関構造改革・プロジェクトK』（東洋経済新報社、2005年）。
飯尾　潤「中曽根民活と東京改造」東郷尚武編『シリーズ東京を考える5―都市を創る』（都市出版、1995年）。
飯尾　潤「日本における二つの政府と政官関係」『レヴァイアサン』34号（2004年）。
飯島　勲『小泉官邸秘録』（日本経済新聞社、2006年）。
出水　薫「韓国政治における地域割拠現象―第6共和国の国政選挙結果に見るその実態と変化」『外務省調査月報』1996年度第3号。
出水　薫「韓国国政選挙における地域割拠現象再論―第一五代大統領選挙を対象として」『政治研究』第45号（九州大学政治研究室、1998年）。
伊藤修一郎『自治体政策過程の動態―政策イノベーションと波及』（慶応義塾大学出版会、2002年a）。
伊藤修一郎「社会学的新制度論」河野　勝・岩崎正洋編『アクセス比較政治学』（日本経済評論社、2002年b）。
伊藤大一「テクノクラシー理論と中央地方関係―自治省と地方公共団体」『レヴァイア

サン』4号（1989年）.
伊藤光利「国会「集合財」モデル」村松岐夫・久米郁男編著『日本政治変動の30年—政治家・官僚・団体調査に見る構造変容』（東洋経済新報社、2006年）.
伊藤光利「官邸主導型政策決定システムにおける政官関係—情報非対称性縮減の政治」『年報行政研究42　行政改革と政官関係』（ぎょうせい、2007年）.
岩崎美紀子「地方分権改革と政官関係」『年報行政研究42　行政改革と政官関係』（ぎょうせい、2007年）.
内山　融『現代日本の国家と市場—石油危機以降の市場の脱〈公的領域〉化』（東京大学出版会、1998年）.
内山　融「政策アイディアの伝播と制度：行政組織改革の日英比較を題材として」『公共政策研究』5号（2005年）.
エリス　S.　クラウス「日本の首相—過去、現在、未来」水口憲人・北原鉄也・真渕勝編著『変化をどう説明するか：行政編』（木鐸社、2000年）.
大嶽秀夫『自由主義的改革の時代』（中央公論社、1994年）.
大嶽秀夫『日本型ポピュリズム—政治への期待と幻滅』（中央公論新社、2003年）.
大嶽秀夫『小泉純一郎ポピュリズムの研究—その戦略と手法』（東洋経済新報社、2006年）.
大田弘子『経済財政諮問会議の戦い』（東洋経済新報社、2006年）.
大西　裕・建林正彦「省庁再編の日韓比較研究」『レヴァイアサン』23号（1998年）.
大西　裕「韓国の場合—地域主義とそのゆくえ」『新版比較・選挙政治—21世紀初頭における先進6カ国の選挙』（ミネルヴァ書房、2004年）.
大西　裕『韓国経済の政治分析—大統領の政策選択』（ミネルヴァ書房、2005年）.
大森　彌「社会福祉における集権と分権：機関委任事務の温存と変更」伊部英男・大森彌編『明日の福祉5：福祉における国と地方』（中央法規出版、1988年）.
岡野貞彦「『骨太の方針』からわかること」『論座』2005年8月号.
岡村　茂『フランス分権化改革の政治社会学』（法律文化社、2010年）.
岡本全勝『地方財政改革論議—地方交付税法の将来像』（ぎょうせい、2002年）.
岡本全勝「進む三位一体改革—その評価と課題（1）、（2）」『地方財務』2004年8月号、9月号.
小野耕二『日本政治の転換点』（青木書店、2007年a）.
小野耕二「拒否権プレイヤーと日本政治—ドイツ政治との比較における「政策転換」のメカニズム分析」眞柄秀子・井戸正伸編『拒否権プレイヤーと政策転換』（早稲田大学出版部、2007年b）.
加藤淳子『税制改革と官僚制』（東京大学出版会、1997年）.
金井利之『福祉国家の中央地方関係—D.E. アシュフォードの英仏比較を軸として』（東京大学都市行政研究会、1991年）.
金井利之『自治制度』（東京大学出版会、2007年）.
姜再鎬「韓国の地方自治と教育自治」『季刊行政管理研究』87号（1999年）.
姜再鎬『植民地朝鮮の地方制度』（東京大学出版会、2001年）.

姜瑩基「韓国における地方自治制度確立の問題点」『季刊行政管理研究』52号（1990年）。
北村　亘「新制度論による比較地方自治分析の理論的可能性」『甲南法学』38巻1・2合併号（1997年）。
北村　亘「合理的選択制度論と行政制度の設計－ホーン行政における制度設計分析を手がかりとして－」『甲南法学』38巻4・5号（1998年）。
北村　亘「機関委任事務制度廃止の政治過程－もう一つの解釈の可能性－」『甲南法学』40巻3・4号（2000年）。
北村　亘「三位一体改革の政治過程」『甲南法学』45巻3・4合併号（2005年）。
北村　亘「三位一体改革による中央地方関係の変容：3すくみの対立、2段階の進展、1つの帰結」東京大学社会科学研究所編『「失われた10年」を超えて[Ⅱ]：小泉改革への時代』（東京大学出版会、2006年）。
北山俊哉「中央地方関係と公共政策（一）－（二・完）－新しい制度論的アプローチ」『法学論叢』第124巻2号（1988年）、第125巻4号（1989年）。
木宮正史『韓国－民主化と経済発展のダイナミズム』（ちくま新書、2003年）。
木宮正史「外国研究としての韓国研究」『現代韓国朝鮮研究』第4号（2004年）。
金台鎬（尹誠國訳）「地方分権の政治力学」服部民夫・張達重編『日韓政治社会の比較分析』（慶応義塾大学出版会、2006年）。
久保文明『現代アメリカ政治と公共利益』（東京大学出版会、1997年）。
栗原　猛『改革はなぜ進まないか』（日中出版、2004年）。
河野　勝『制度』（東京大学出版会、2002年）。
小西砂千夫「経済教室－地方歳出、税と同時決定を」日本経済新聞、2004年11月17日付。
近藤康史「比較政治学における「アイディアの政治」」『政治学年報』（2006年度第2号）。
佐藤　満「地方分権と福祉政策－「融合型」中央地方関係の意義」水口憲人・北原鉄也・秋月謙吾編著『変化をどう説明するか：地方自治編』（木鐸社、2000年）。
清水真人『官邸主導－小泉純一郎の革命』（日本経済新聞社、2005年）。
城山英明「政策過程における経済財政諮問会議の役割と特質：運用分析と国際比較の観点から」『公共政策研究』3号（2003年）。
城山英明「内閣機能の強化と政策形成過程の変容：外部者の利用と連帯の確保」『年報行政研究』41号（2006年）。
新川敏光・井戸正伸・宮本太郎・真柄秀子『比較政治経済学』（有斐閣、2007年）。
宋前清貞「公立病院再編とアイディアの政治」『都市問題研究』57巻8号（2005年）。
曽我謙悟「行政再編－自民党と地方分権改革」樋渡展洋・三浦まり『流動期の日本政治―「失われた10年」の政治学的検証』（東京大学出版会、2002年）。
曽根泰教『決定の政治経済学－その理論と実際』（有斐閣、1984年）。
曽根泰教「変わる政治、変わる政治学―日本政治学の最近の変化」『レヴァイアサン』1号（1987年）。
高木健二『分権改革の到達点』（敬文堂、1999年）。
高木健二『三位一体改革の核心』（公人社、2004年a）。
高木健二『三位一体改革の検証』（公人社、2004年b）。

武田康裕『民主化の比較政治－東アジア諸国の体制変動過程』(ミネルヴァ書房、2001年)。
竹中平蔵『構造改革の真実－竹中平蔵大臣日誌』(日本経済新聞社、2006年)。
建林正彦「新しい制度論と日本官僚制研究」『日本政治学会年報政治学』(1999年)。
建林正彦『議員行動の政治経済学－自民党支配の制度分析』(有斐閣、2004年)。
田中誠一『韓国官僚制の研究－政治発展との関連において－』(大阪経済法科大学出版部、1997年)。
谷 聖美「自治体住宅政策における促進要因と制約要因—制度と政策後援役割を中心に」水口憲人・北原鉄也・秋月謙吾編著『変化をどう説明するか：地方自治編』(木鐸社、2000年)。
池東旭『韓国大統領列伝－権力者の栄華と転落』(中央公論新社、2002年)。
曹圭哲「日韓の人事行政システムと天下り過程」『レヴァイアサン』23号 (1998年)。
趙昌鉉「韓国の政治体制と地方自治」『レヴァイアサン』23号 (1998年)。
趙文富『予算決定過程の構造と機能－比較的視点から』(良書普及会、1996年)。
鄭榮國「政党と選挙制度」孔星鎮・川勝平太編『韓国の政治－南北の統一をめざす新・先進国』(早稲田大学出版部、1997年)。
辻 清明『日本の地方自治』(岩波書店、1976年)。
辻中 豊・李政煕・廉載鎬「日韓利益団体の比較分析－一九八七年民主化以後の韓国団体状況と政治体制」『レヴァイアサン』23号 (1998年)。
辻山幸宜「80年代の政府間関係：『統制のとれた分権』体制の構築」『年報行政研究28：新保守主義化の行政』(ぎょうせい、1993年)。
手塚洋輔「政策変化とアイディアの共有：地下鉄補助事業における省庁間紛争と政党」『法学』66巻6号 (2002年)。
戸矢哲朗『金融ビックバンの政治経済学』(東洋経済新報社、2003年)。
土居丈朗『三位一体改革ここが問題だ』(東洋経済新報社、2004年)。
中野 実・廉載鎬「政策決定構造の日韓比較－分析枠組みと事例分析－」『レヴァイアサン』23号 (1998年)。
長峯純一『公共選択と地方分権』(勁草書房、1998年)。
南皇祐「韓国における地方自治の復活実施と地方財政」『経済と経済学』77号 (1995年)。
西尾 勝『行政学の基礎概念』(東京大学出版会、1990年)。
西尾 勝『未完の分権改革－霞ヶ関官僚と格闘した1300日』(東京大学出版会、1999年)。
西尾 勝『地方分権改革』(東京大学出版会、2007年)。
ノーブル,G.S.「政治的リーダーシップと構造改革」東京大学社会科学研究所編『「失われた10年」を超えて [Ⅱ]：小泉改革への時代』(東京大学出版会、2006年)。
河正鳳「日韓の地方分権政策に関する比較研究－キングダンの「政策の窓」論を用いて」筑波大学博士学位請求論文 (2004年)。
福井治弘・李 甲允「日韓国会議員選挙の比較分析」『レヴァイアサン』23号 (1998年)。
眞柄秀子「拒否権プレイヤーと政策決定」新川敏光・井戸正伸・宮本太郎・真柄秀子『比

較政治経済学』(有斐閣、2007年)。
眞柄秀子・井戸正伸編『拒否権プレイヤーと政策転換』(早稲田大学出版部、2007年)。
牧原　出「省庁体系に関する一考察」『季刊行政管理研究』87号(1999年)。
牧原　出「小泉'大統領'が作り上げた新『霞が関』」『諸君！』2005年2月号。
牧原　出「'戦後政治の総決算'が間もなく終わる：歴史からみた経済財政諮問会議とその将来像」『論座』2005年8月号。
待鳥聡史「小泉長期政権を支える政治改革の成果」『中央公論』2005年4月号。
松並　潤「1970年代・80年代断絶論VS.連続論？」『レヴァイアサン』25号(1999年)。
松並　潤「規制緩和・民営化と新自由主義イデオロギー」水口憲人・北原鉄也・真渕勝編著『変化をどう説明するか：行政編』(木鐸社、2000年)。
松本俊太「レーガン政権期の「産業政策論争」と八八年包括通商・競争力強化法(一)－(二・完)」『法學論叢』152巻2号(2002年)・4号(2003年)。
的場敏博　『現代政党システムの変容—90年代における危機の深化』(有斐閣、2003年)。
真渕　勝『大蔵省統制の政治経済学』(中央公論社、1994年)。
真渕　勝「地方分権改革と政党」村松岐夫・水口憲人『分権－何が変わるのか－』(敬文堂、2001年)。
水口憲人「地方自治分析と中央地方関係」『都市問題研究』第36巻第5号(1984年)。
水口憲人「官僚制とイデオロギー」水口憲人・北原鉄也・真渕　勝編著『変化をどう説明するか：行政編』(木鐸社、2000年)。
宮川公男『政策科学の基礎』(東洋経済新報社、1994年)。
宮川公男『政策科学入門』(東洋経済新報社、2002年)。
村上　弘「国の自治体に対する統制・誘導」西尾　勝・村松岐夫『講座行政学第5巻—業務の執行』(有斐閣、1994年)。
村上　弘「日本の地方自治と政策発展」水口憲人・北原鉄也・秋月謙吾編著『変化をどう説明するか：地方自治編』(木鐸社、2000年)。
村松岐夫「補助金制度の政治行政上の意義」『自治研究』第57巻第9号(1981年)。
村松岐夫『地方自治』(東京大学出版会、1988年)。
村松岐夫編『テキストブック地方自治』(東洋経済新報社、2006年)。
森田　朗「地方分権改革の政治過程—「三位一体改革」と地方分権改革推進会議」『レヴァイアサン』33号(2003年)。
森田　朗『制度設計の行政学』(慈学社出版、2007年)。
山口二郎『内閣制度』(東京大学出版会、2007年)。
山田公平「日・韓地方自治比較の問題点」日本地方自治学会編『条例と地方自治』(敬文堂、1992年)。
尹誠國「韓国における地方自治の復活と地方政府の自律性—仁州工業団地造成計画をケースに(一)－(三・完)」『法學論叢』第157巻第2号、4号、6号(2005年)。
尹誠國「韓国における地方交付税制度の政治行政—地域主義と政党の党員統制システムとの関連において—」『現代韓国朝鮮研究』第5号(2005年)。

尹誠國「韓国における分権交付税の導入と地域主義―取引コストアプローチ―」『現代韓国朝鮮研究』第7号（2007年）。
尹誠國「相互依存モデルの韓国の中央地方関係分析への適用可能性の検討―地域主義に注目して―」『東アジア研究』第56号（2011年）。
尹誠國「韓国の地方分権改革の分析―制度としての地域主義に注目して―」『東アジア研究』第57号（2012年）。
読売新聞政治部『自民党を壊した男』（新潮社、2005年）。
笠　京子「中央地方関係の分析枠組み―過程論と構造論の統合へ」『香川法学』10巻1号（1990年）。
笠　京子「中央行政組織改革の研究―英日比較「制度」の逆説―」水口憲人・北原鉄也・真渕　勝編著『変化をどう説明するか：行政編』（木鐸社、2000年）。
盧　隆煕「韓国の民主化と地方自治」日本地方自治学会編『条例と地方自治』（敬文堂、1992年）。

洋書文献（アルファベット順）

Abrahamson, Eric and Rosenkopf, Lori, 'Institutional and Competitive Bandwagons : Using Mathematical Modeling as a Tool to Explore Innovation Diffusion' *Academy of Management Review* Vol. 18, No. 3(1993).
Adler, Emanuel, *The Power of Ideology* (University of California Press, 1987).
Aldrich, John H., *Why parties ? : The Origin and Transformation of Political Parties in America* (The University of Chicago Press, 1995).
Aoki, Masahiko, *Towards a comparative institutional analysis* (Massachusetts Institute of Technology, 2001) 青木昌彦著・瀧澤弘和・谷口和弘訳『比較制度分析に向けて』（NTT出版、2001年）。
Ashford, Douglas E., *British Dogmatism and French Pragmatism* (Allen & Unwin, 1982).
Bates, Robert H., Greif, Avner, Levi, Margaret, Rosenthal, Jean － Laurent, Weingast, Barry, R., *Analytic Narratives* (Princeton, N.J. : Princeton University Press, 1998).
Birchfield, V. and Crepaz, Markus M. L., 'The Impact of Constitutional Structures and Collective and Competitive Veto Points on Income Inequality in Institutionalized Democracies' *European Journal of Political Research* 34(1998).
Blyth, M., 'Any more bright ideas?' *Comparative Politics* 29 (1997).
Blyth, M., *Great transformations* (Cambridge University Press, 2002).
Bonoli, Giuliano, *The politics of Pension Reform : Institutions and Policy Change in Western Europe* (Cambridge University Press, 2000).
Bowler, Shaun, David M. Farrell, and Rkchard Katz, *Party Discipline and Parliamentary Government* (Columbus : Ohio State University Press, 1999).
Buckley, Walter, *Sociology and Modern Systems Theory* (Prentice-Hall, 1967) 新睦人・中野秀一郎訳『一般社会システム論』（誠信書房、1980年）。

Cain, Bruce, Ferejohn, John and Fiorina, Morris, *The Personal Vote : Constituency Service and Electoral Independence* (Cambridge, Mass. : Harvard University Press, 1987).
Campbell, J. L., 'Ideas, politics and public policy' *Annual Review of Sociology* 28 (2002).
Caplan, Bryan, *The Myth of the Rational Voter : Why Democracies Choose Bad Policies* (Princeton, N.J. : Princeton University Press, 2007).
Carmines, E.G. and Stimson, J.A., 'The Two Faces of Issue' *American Political Science Review* 74 (1980).
Crepaz, Markus M. L., 'Veto Players, Globalization and the Redistributive Capacity of the State, A Panel Study of 15 OECD Countries' *Journal of Public Policy* 21(1)(2001)
Crepaz, Markus M. L., 'Global, Constitutional, and Partisan Determinants of Redistribution in Fifteen OECD Countries' *Comparative Politics* 34(2)(2002).
Derthick, M. and Quirk, Paul J., *The Politics of Deregulation* (The Brookings Institution, 1985).
Dimaggio, Paul J. and Powell, Walter W., 'The Iron Cage Revisited : Institutional Isomorphism and Collective Rationality in Organizational Fields' in Powell, Walter W. and Dimaggio, Paul J. edited., *The New Institutionalism in Organizational Analysis* (The University of Chicago Press, 1991).
Estevez-Abe, Margarita, *Welfare and Capitalism in postwar Japan* (Cambridge University Press, 2008).
Finnemore, Martha, *National Interests in International Society* (Ithaca : Cornell University Press, 1996).
Garman, Christopher Haggard, Stephan and Willis, Eliza, 'Fiscal decentralization : A political theory with Latin American cases' *World Politics* 53 (January, 2001).
Geddes, Barbara, *Politician's Dilemma : Building State Capacity in Latin America* (University of California Press, 1996).
Geddes, Barbara, *Paradigms and Sand Castles : Theory Building and Research Design in Comparative Politics* (University of Michigan Press, 2003).
Goldstein, Judith, *Ideas, Interests and American Trade Policy* (Ithaca : Cornell University Press, 1993).
Goldstein, Judith&Keohane Robert O., *Ideas&Foreign Policy : Beliefs, Institutions and Political Change* (Ithaca : Cornell University Press, 1993).
Haggard, Stephan McCubbins, Mathew D., *Presidents, Parliaments, and Policy* (Cambridge University Press, 2001).
Hall, Peter, *Governing The Economy : The Politics of State Intervention in Britain and France* (Oxford University Press, 1986).
Hallerberg, Mark, 'Veto players and the choice of monetary institutions' *International Organization* 56 (4) (2002).
Helgesen, Geir, *Democracy and Authority in Korea : The Cultural Dimensions in Korean*

Politics (Curson, 1998).

Hirshman, Albert O., *'Exit, Voice and Loyalty : Response to Decline in Firms, Organizations and States* (Harvard University Press, 1970) 矢野修一訳『離脱・発言・忠誠―企業・組織・国家における衰退への反応』(ミネルヴァ書房、2005年)。

Hood, Christopher C., *The Tools of Government* (The Macmillan Press, 1983).

Horn, Murray J., *The Political Economy of Public Administration: Institutional Choice in the Public Sector* (Cambridge University Press, 1995).

Immergut, Ellen M., 'Institutions, Veto Players, and Policy Results : A Comparative Analysis of Health Care' *Journal of Public Policy* 10(4)(1990).

Immergut, Ellen M., *Health Politics : Interests and Institutions in Western Europe* (Cambridge University Press, 1992).

Kang, David, *Crony Capitalism : Corruption and Development in South Korea and Philippines* (Cambridge : Cambridge University Press, 2002).

Kettler, David, 'Ideology' in David Miller ed., *the Blackwell Encyclopedia of Political Thought* (1987).

Kim, Jae-On and Koh, B. C., 'Electoral Behavior and Social Development in South Korea : An Aggregate Data Analysis of Presidential Elections' *The Journal of Politics* 34(3) (1972).

King, Gary, Keohane, Robert O., Verba, Sidney, *Designing Social Inquiry : Scientific Inference in Qualitative Research* (Princeton University Press, 1994) 真渕 勝監訳『社会科学のリサーチ・デザイン―定性的研究における科学的推論』(勁草書房、2004年)。

Kingdon, John W., *Agendas, Alternatives, and Public Policies* (Longman, 2003).

Lewis, David E., *Presidents and the Politics of Agency Design* (Stanford University Press, 2003).

Morgenstern, Scott and Benito Nacif, eds., *Legislative Politics in Latin America* (Cambridge University Press, 2002).

Nelson, Richard R., 'The Co-evolution of Technology, Industrial Structure, and Supporting Institutions' *Industrial and Corporate Change* 3 (1994).

North, Douglas C., *Institutions, Institutional Change and Economic Performance* (Cambridge University Press, 1990) 竹下公視訳『制度・制度変化・経済成果』(晃洋書房、1994年)。

Park, Chan Wook, 'Change is short but continuity is long : policy influence of the national assembly in newly democratized Korea' in Loewenberg, Gerhard, Squire, Peverill and Kiewiet, D. Roderick edited., *Legislatures ― Comparative Perspectives on Representative Assemblies* (The University of Michigan press, 2002).

Peterson, Paul E., *City Limits* (The University of Chicago Press, 1981).

Pierson, Paul, *Politics in time : History, Institutions, and Social Analysis* (Princeton University Press. 2004).

Przewroski, Adam, *Democracy and the market* (Cambridge University Press, 1991).

Reed, Steven R., *Japanese Prefectures and Policymaking* (University of Pittsburgh Press, 1986).

Reed, Steven R. and Michael F. Thies, 'The Consequences of Electoral Reform in Japan' in Matthew Soberg Shugart and Martin P. Wattenberg eds., *Mixed-Member Electoral Systems : The Best of Both Worlds?* (New York : Oxford University Press. 2001).

Samuels, Richard, J., *The Politics of Regional Policy in Japan ; Localities Incorporated?* (Princeton University Press, 1983).

Sartori, Giovanni, *Comparative Constitutional Engineering : An Inquiry into Structures, Incentives and Outcomes* (New York University Press, 1996) 工藤裕子訳『比較政治学－構造・動機・結果』(早稲田大学出版会、2000 年)。

Schattschneider E. E., *The Semisovereign People : A Realist's View of Democracy in America* (Holt, Rinehard and Winston, 1960). 内山秀夫訳『半主権人民』(面立書房、1972 年)。

Scott, W. Richard, *Institutions and Organizations* (Sage Publications, 2001).

Sharpe, L.J., 'Central Coordination and the Policy Network' *Political Studies* vol. 33 (1985).

Shugart, Mathew Soberg and Haggard, Stephan, 'Institutions and Public Policy in Presidential Systems' in Haggard, Stephan and McCubbins, Mathew D. eds., *Presidents, Parliaments, and Policy* (Cambridge University Press, 2001).

Simon, Herbert A., *Administrative Behavior* 2nd ed., (New York:The Macmillan Company, 1976).

Skogstad, G., 'Ideas, paradigms and institutions : Agricultural exceptionalism in *the European Union and the United States' Governance* 11 (1998).

Stoker, Gerry, *The Politics of Local Government* (London:Macmillan Education, 1988).

Stokes, D. E., 'Spatial Models of Party Competition' *American Political Science Review* 57 (1963),

Strom, Kaare, 'Delegation and Accountability in Parliamentary Democracries' *European Journal of Political Research* 37 (2000).

Tsebelis, George, 'Decision Making in Political Systems' : Veto Players in Presidentialism, Parliamentarism, Multicameralism and Multipartyism' *British Journal of Political Science* 25 (1995).

Tsebelis, George, *Veto players ― How political institutions work* (Princeton University Press, 2002).

Vogel, Steven K., *Freer Markets, More Rules : Regulatory Reforms in Advanced Industrial Countries* (Ithaca, NY : Cornell University Press, 1996).

Walker Jack L., 'Setting the Agenda in the U.S. Senate : A Theory of Problem Selection' *British Journal of Political Science* 7 (1977).

Walsh, J. L., 'When do ideas matter? : Explaining the successes and failures of Thatcherite ideas' *Comparative Political Studies* 33 (2000).

Weaver R. Kent., 'The Politics of Blame Avoidance' *Journal of Public Policy* vol. 6 − 4. (1986).
Weir, M., 'Ideas and the politics of bounded innovation' in Steinmo, Sven, Thelen, Kathleen and Longstreth, Frank, *Structuring Politics : Historical Institutionalism in Comparative Analysis* (Cambridge University Press, 1992).
Willis, Garman, and Haggard, 'The Politics of Decentralization in Latin America' *Latin America Research Review* vol. 34, no.1 (1999).
Woods, N., 'Economic ideas and international relations : Beyond rational neglect' *International Studies Quarterly* 39 (1995).
Yee, A. S., 'The causal effects of ideas on politics' *International Organization* 50 (1996).
Ziegler, J. Nicholas, *Governing Ideas − Strategies for Innovation in France and Germany* (Cornell University Press, 1997).

韓国語文献（カナダラ順）

康元澤「地域主義的投票と合理的選択：批判的考察」『韓国政治学会報』34 輯 2 号（2000 年）。
康元澤『韓国の選挙政治』（プルンキル、2003 年）。
康元澤「地域主義は変化したのか」李ヒョンウ・權ヒョクヨン編『変化する韓国の有権者 2』（東アジア研究院、2008 年）。
姜昌鉉「地方政府における政策変化の新制度主義的アプローチ」『韓国行政論集』第 9 巻第 4 号（1997 年）。
姜瑩基『郷富論』（ビボン出版社、2001 年）。
郭チェギほか「地方への移譲事業改善方策」『社会福祉地方移譲事業改善方策公聴会（2008 年 10 月 30 日）資料集』保健福祉家族部。
權寧周「地方自治の変化」權寧周ほか編『新制度主義研究』（大永文化社、1999 年）。
權オソン『国庫補助金及びマッチングファンド制度改善方策』（韓国行政研究院、2005 年）。
權五哲『中央政府と地方自治団体間における対立解消対策』（韓国地方行政研究院、1996 年）。
金ムンジョ「韓国における地域主義の形成とその性格」韓国社会学会編『韓国の地域主義と地域対立』（星苑社、1990 年）。
金順殷「地方分権特別法の意義と限界」『韓国地方自治学会報』第 17 巻第 3 号（2005 年）。
金暎洙「国策事業に関連する中央政府と地方政府間における紛争調整制度に関する研究」『韓国地方自治学会報』25（1999 年）。
金暎洙「参与政府の地方分権政策の評価、今後の推進方向」『地方自治』2006 年 3 月号。
金ヨンホ「21 世紀新しい議会政治の模索：分割政府の運営方策」『議政研究』第 6 巻第 2 号（2000 年）。
金載勲「中央と地方間における部門別機能再配分のための試み」『韓国地方自治学会報』

22（1998 年）。
金ジョンフンほか『地方自治環境の変化に伴う地方財政調整制度の改革方策』（韓国租税研究院、2000 年）。
金ジンクック「地域感情の実態とその解消策」韓国心理学会編『心理学から考えた地域感情』（星苑社、1988 年）。
金チャンヒ「第 13 代国会議員総選挙の結果：絶妙な選択、絶妙な構図」『新東亜』1988 年 6 月号。
金ヒョンジュン「6・4 ソウル市長選挙分析」朴ビョンソブほか『韓国の民主主義と地方自治』（ムンウォン、1998 年）。
柳在源「地方自治の政治—政党の役割を中心に」『韓国行政学報』第 28 巻 2 号（1994 年）。
柳在源「普通交付税基準税率の政治経済的意味」『韓国行政学報』第 31 巻 1 号（1997 年）。
柳在源「地方公共団体の首長の公選制導入以降の自治団体の政策変化：Peterson の都市限界論の検証」『韓国政策学会報』第 8 巻第 3 号（1999 年 a）。
柳在源「清州市の権力構造と政治過程」『政府学研究』第 5 巻第 1 号（1999 年 b）。
朴ウクソン「参与政府の地方分権政策の評価」『韓国地域開発学会誌』第 17 巻第 4 号（2005 年）。
朴喆煕「日本の体制変換と自民党の不安定な優位」『韓国政治学会報』38 輯 3 号（2004 年）。
朴ヘジャ「地方への移譲と中央—地方政府間における事務配分の変化」『韓国社会と行政研究』第 13 巻第 3 号（2002 年）。
朴鎬淑『地方自治団体の葛藤管理—理論と実際』（茶山出版社、1996 年）。
朴熙緒「韓国における地方自治の実施をめぐる政党間交渉プロセスに関する研究」『韓国行政論集』第 9 巻 1 号（1997 年）。
白ヨンチョルほか『韓国議会政治論』（建国大学出版部、2003 年）。
蘇スンチャン「韓国の地方選挙における地域割拠主義と政党投票」『韓国地方自治学会報』第 14 巻第 3 号（2002 年）。
蘇ジングァン「参与政府の地方分権政策基調」『地方行政研究』第 17 巻第 3 号（2003 年）。
孫ヒジュン「財政分権のための中央と地方間の財源配分方策」『韓国ガバナンス学会報』第 15 巻第 2 号（2009 年）。
沈之淵・金ミンジョン「選挙制度変化の戦略的意図と結果—歴代国会議員選挙を中心に」『韓国政治学会報』36 巻 1 号（2002 年）。
申基紘ほか「地方議会の役割葛藤に関する研究」『韓国政治学会報』第 26 輯 3 号（1992 年）。
安成浩「地方政府間の対立の処理と中央政府の役割」『韓国行政研究』第 3 巻第 3 号（1994 年秋）。
安禧洙編著『韓国政党政治論』（ナナム、1995 年）。
梁ソンチョル『韓国政府論』（博英社、1994 年）。
呉スンヨン「韓国の分割政府における立法プロセスの分析」『韓国政治学会報』38 輯 1 号（2004 年）。
尹誠國『日本と韓国の地方分権改革の比較分析－拒否権プレーヤーに注目して－』（論

衡出版社、2011 年)．
尹鍾彬『韓国の選挙と民主主義』(ジンムンダン、2007 年)。
尹天柱『改訂版　韓国政治体系－政治状況と政治参加』(ソウル大学出版部、1987 年)。
李甲允『韓国の選挙と地域主義』(オルム、1998 年)。
李南永編『韓国の選挙Ⅰ』(ナナム、1993 年)。
李勝鍾「公選首長のリーダーシップに影響を及ぼす要因」『韓国行政学報』第 32 巻 1 号 (1998 年)。
李在殷「財政分権の課題と立法方策」『分権と革新』第 32 号、2003 年 7 月。
李ジンスン「地方分権改革による規制緩和」『CEO Report』No. 31、2010 年 10 月、京畿開発研究院。
李ヒョンウ・權ヒョクヨン編『変化する韓国有権者 2』(東アジア研究院、2008 年)。
林ソンイル・趙キヒョン・徐ジョンソプ「分権交付税と普通交付税の財政調整機能に関する比較研究」『韓国地方財政論集』第 11 巻第 1 号 (2006 年)。
鄭榮國「地域主義と選挙戦略」『韓国と国際政治』第 9 巻第 2 号 (1993 年)。
鄭ウォンチル・鄭ハンウル「パネル調査によって分析した地方選挙」李ネヨン・李ヒョンウ・金ジャンス編『変化する韓国の有権者』(東アジア研究院、2007 年)。
全相京「国庫補助金配分の政治経済：朴政熙・全斗煥・盧泰愚政権の比較」『韓国行政学報』第 29 巻第 3 号 (1995 年)。
趙己淑「合理的有権者モデルと韓国の選挙分析」李南永編『韓国の選挙Ⅰ』(ナナム、1993 年)。
趙己淑「韓国における有権者の政党投票」『議政研究』第 1 巻第 1 号 (1995)。
趙己淑『地域主義選挙と合理的有権者』(ナナム、2000 年)。
趙重斌「有権者の政党支持傾向と投票行動」李南永編『韓国の選挙Ⅰ』(ナナム、1993 年)。
趙重斌編『韓国の選挙Ⅲ』(プルンキル、1999 年)。
趙昌鉉「地方化時代における中央政府と地方政府間の役割分担」『自治公論』第 2 巻第 1 号 (1996 年)。
崔ビョンホ・チョンジョンピル「財政分権と地方財政の課題－地方税中心の構造と地方公共団体の適正な規模を中心に－」『韓国地方財政学会 2007 年地方財政セミナー報告論文集』(2007 年)。
崔唯誠『政府間関係に関する公務員意識調査 (2005)』(韓国行政研究院、2005 年)。
崔章集「韓国における民主主義の制度デザイン序説」『亜細亜研究』第 46 巻 4 号 (2003 年)。
崔昌浩『地方自治制度論』(三英社、1990 年)。
崔興錫「地方政府の政策形成－富川市を中心に」『韓国政治学会秋季学術会議論文集』(1998 年)。
河在龍「中央・地方政府間における行政事務の配分方策」『地方行政研究』第 11 巻第 2 号 (1996 年)。
韓国心理学会編『心理学から考えた地域感情』(星苑社、1988 年)。
咸成得『大統領学』(ナナム、2003 年)。

各種資料（年度順）

大統領秘書室『朴正熙大統領演説文集』第三輯（1967年）。
牙山郡「仁州工業団地推進計画」（1992年）。
韓国地方行政研究院『地方化時代の対立事例』（1996年）。
中央選挙管理委員会『第2回全国同時地方選挙候補者名簿』（1998年）。
大統領秘書室『金大中大統領演説文集』第一巻（1999年）－第五巻（2003年）。
大統領秘書室『盧武鉉大統領演説文集』第一巻（2004年）－第五巻（2008年）。
正しい社会のための市民会議『「望ましい地方分権のあり方」討論会資料』（2007年5月17日）。
大統領秘書室『李明博大統領演説文集』第一巻（2009年）－第二巻（2010年）。
未来韓国財団『地方自治』2002年2月号、2002年3月号。
大統領職引継委員会『対話：第16代大統領職引継委員会白書』（2003年）。
地方移譲推進委員会『地方移譲白書』（2003年）。
一橋大学大学院法学研究科『総合法政策実務提携センター平成15年度提携プロジェクトⅢ報告書　韓国の地方分権改革に関する諸問題』（2004年3月）。
政府革新地方分権推進委員会『分権型先進国建設のための地方分権5カ年総合実行計画』（2004年）。
『ハンナラ党第17代総選挙公約資料集』（2004年）。
『開かれたウリ党第17代総選挙公約資料集』（2004年）。
『新一千年民主党第17代総選挙公約資料集』（2004年）。
地方移譲推進委員会『地方移譲白書』（2007年）。
韓国国会行政自治委員会（第255回臨時国会）会議録（2007年）。
大西　裕・建林正彦、韓国の国会議員へのインタビュー翻訳資料（2009年）。
地方分権促進委員会『第一期地方分権促進委員会地方分権白書』（2010年）。

経済企画院『韓国統計年鑑』各年度版。
企画財政部『予算概要』各年度版。
行政自治部『地方財政年鑑』各年度版。
行政自治部『中央・地方事務総覧』。
行政安全部内部資料。
漢陽大学地方自治研究所の調査データ。

新聞・プレスリリース（カナダラ順）

京畿福祉新聞
国民日報
国際新聞

畿湖日報
東亜日報
毎日経済新聞
釜山日報
嶺南日報
仁川経済正義実践市民連合プレスリリース（2008年6月29日付）
朝鮮日報
中央日報
ハンキョレ新聞
行政安全部プレスリリース（2010年12月15日付）

Web Site（順不同）

総務省ホームページ（http://www.soumu.go.jp/）
韓国国会ホームページ（http://www.assembly.go.kr）
韓国国会議案情報システム（http://likms.assembly.go.kr/bill/jsp/StatFinishBill.jsp）
国家財政情報システム（www.nafis.mofe.go.kr）
国税庁ホームページ（http://www.nts.go.kr/）
統計庁ホームページ（http://kosis.nso.go.kr/）
中央選挙管理委員会ホームページ（http://www.nec.go.kr/）
行政安全部財政庫（http://lofin.mopas.go.kr/）
ソウルニュース（www.seoulnews.org）
時事一番地ポリニュース（http://www.polinews.co.kr）
ソウル経済インターネット版（http://economy.hankooki.com/）
全国毎日インターネット版（http://www.jeonmae.co.kr/）
YTNニュース（www.ytn.co.kr）
連合ニュース（www.yonhapnews.co.kr）
マネートゥデイ（http://news.mt.co.kr/）
E-Daily(http://www.edaily.co.kr/)
デイリー中央インターネット版（http://www.dailiang.co.kr/）
Oh my News（http://www.ohmynews.com/）
Newstomato(www.newstomato.co.kr)
Newsway(http://www.newsway21.com/)
税政新聞（http://taxtimes.co.kr）
忠北経実連（経済正義実践市民連合）ホームページ（www.ok.or.kr）
南楊州ニュース（http://www.nyjnews.net/）
YAHOO KOREA! 百科事典（http://kr.dictionary.search.yahoo.com/search/dictionaryp）
ウィキペディアフリー百科事典（http://ja.wikipedia.org/wiki/）
国民日報クッキーニュース（www.kukinews.com）

済州の声 (http://www.jejusori.net/news/articleView.html?idxno=32759#)
ユーロフォーカス （http://www.euro-focus.kr）
秋美愛議員ホームページ http://www.choomiae.com/
陳永議員ホームページ http://www.chinyoung.kr/
張倫碩議員ホームページ http://www.yschang49.or.kr/
權炅錫議員ホームページ http://www.kskwon.com/
李洛淵議員ホームページ http://nylee.or.kr/
http://blog.naver.com/hty0025/62104614

インタビュー（インタビュー日時順。役職名はインタビュー時のもの）

2003 年 1 月　慶尚北道議会張旭議員へのインタビュー
2004 年 6 月　財政経済部関係者へのインタビュー
2008 年 5 月　崇實大学康元澤教授へのインタビュー
2008 年 5 月　京畿大学李在殷教授へのインタビュー
2008 年 8 月　金京逸国務総理室社会葛藤管理課長へのインタビュー
2008 年 8 月　国会議員權炅錫（国会行政自治委員会）の秘書官へのインタビュー
2010 年 8 月　元地方移譲推進委員会委員へのインタビュー

索引

あ行

李承晩政権　24
李承晩大統領　24,31
イデオロギー的許容範囲　32,172
維新憲法　50,164
李明博政権　87,88,106,111
李明博大統領　87,106,111,121
仁州工業団地　57,59,60,63,64,65,67,73,74

か行

格差　14,137,153
　——深化の懸念　17
　——是正　95,109,134,150,154
韓国政治　9,10,14,22,46,114,136,151,168
官僚　16,17,34,40,41,62,63,70,111
機関委任事務　39,40,79,103,162,166
基礎地方公共団体　50,52,60,78,79,83,84,94,95,105,111,126,127,139,149,150,152,154
金大中政権　83,84,85,159,160
金大中大統領　33,45,84,85
金泳三政権　83,84
行政安全部　13,16,17,19,47,79,81,88,100,101,106,107,108,110,138
行政自治部　47,74,81,84,93,94,95,102,136
共和党　128
拒否権プレーヤー　13,15,16,18
　制度的——　17,18
　党派的——　18
　事実上の——　19
均衡発展　12,85,92,101,102,103,104,105,137,144,152,155,167
軍事クーデター　13,22,23,24,31,50,84

軍事政権　13,14,22,23,24,26,34,50,51,52,69,84,116,117,121,122,126,136,160
権限移譲　12,13,14,16,19,41,76,77,84,86,87,88,89,90,91,92,96,98,99,1016,137,161,162,163,164,167
憲法　9,18,23,26,50,51,114,115,116,135
　——改正　9,22,23,24,25,26,52
　大韓民国——　23,26
広域地方公共団体　50,52,60,78,91,99,111,126,127,139,152,154
光州事件　23
国税　12,62,79,80,86,92,93,94,95,97,99,100,105,106,107,108,110,111,113,132,138,142,143,145,146,150
国会　13,24,25,26,33,87,91,93,96,97,98,99,102,103,104,105,110,114,115,116,118,119,120,132,133,134,135,138,146,150,152,154,162,163,172
　——による大統領に対する牽制　119,120
国会議員　9,10,13,16,22,24,25,26,31,33,34,38,44,81,98,104,105,108,114,115,116,118,120,122,123,124,125,126,127,128,129,131,132,133,134,135,136,137,138,139,142,144,145,146,147,148,149,150,151,152,154,156,157,158,159,160,161,162,163,167,168,170,171,172,173
　——総選挙　27,28,32,77,104,119,120,123,124,125,126,128,129,130,131,147,148,151,154,157,164,168,169
国家均衡発展委員会　102

国家均衡発展特別会計　12,85,101,
　　102,104,137,144,155,167
国家均衡発展のための特別法
　　102,103,105
国家再建最高会議　23,24,50
湖南　14,26,27,28,29,30,33,45,105,
　　123,125,126,127,128,140,143,144,
　　147,148,151,156,157,158,159,160,
　　161,166,168,169

さ行

財産税共同課税制度　95,151,152,153,
　　154
財政的自律性　12,13,14,76,91,92,94,
　　95,100,101,106,109,111,167,168
財政力指数　68,79,80,140
三位一体改革　16,39,134
時間稼ぎ戦略　17
自治事務　161,162
社会学的制度論　41,43,44
自由民主連合　128
集権主義モデル　37
集権主義パラダイム　35,42
囚人のジレンマ　28,132,144
集票システム　129
集票戦略　45,147,154,156,159
省庁再編　17,34,46,81
新一千年民主党　27,77,124,125
新行政首都建設のための特別措置法
　　102,103,105
新政治国民会議　45,126,127,128,159,
　　164
進歩新党　108
垂直的行政統制モデル　38
水平的政治競争モデル　38
税源移譲　12,13,14,16,17,19,41,85,
　　86,87,91,92,93,94,95,96,97,101,
　　102,105,106,107,108,109,110,111,
　　113,134,136,137,138,139,140,163,
　　167,168,173
政治競争の結果の不確実性　167,168
政治ルート
　多元的な——　170
制度　20,21,22,114
　アクター　20,21,22,114,122,134
　フォーマルなルール　9,22,25,114,
　　122,132
　アクター同士の相互作用　114,116,
　　123,133
　戦略的相互作用　20
　アクターの戦略　114,116,123,134
　共有された予想　20,21,22,25,114,
　　121,132,136
制度設計　13,14,15,18,26,36,38,41,
　　43,99,137,138,142,145,146,149,
　　161
制度的補完性　20
政党
　——指導部　150
　——の離合集散　127,128
政府革新地方分権委員会　86,87,88,
　　94,96
政府間関係　33,35,36,37,38,170,171,
　　173
セヌリ党　168,169
相互依存モデル　37,38,42,43,46,48,
　　170,171,173
相互依存パラダイム　42
総合不動産税　80,105,110,113,146,
　　149,150
創造韓国党　151
争点の曖昧化　17,134
租税改革特別委員会　86,94

た行

大統領　9,10,12,13,22,25,26,29,33,
　　34,38,45,66,83,84,85,86,87,88,89,
　　92,93,94,101,103,105,106,110,114,

115,116,117,118,119,120,121,132,
135,136,137,149,161,163,167,168,
171,172,173
　——の人事権　16,17,110
　——弾劾訴追　115,119,120
　——法案提出権　115,132
　——拒否権　13,15,16,17,18,19,115,
135
　——5年単任　9,25,33,114,115,121,
172
地域主義　9,10,14,15,22,26,28,29,30,
31,32,33,37,38,43,44,45,46,105,
112,113,114,122,123,124,125,126,
127,128,129,131,132,134,136,137,
138,139,140,142,143,144,145,146,
148,150,151,154,155,156,157,159,
167,168,169,170,171,172,173
地域内総生産　156,157,158,161
地域発展インセンティブ制度　107
地方移譲一括法　88
地方移譲推進委員会　41,81,82,84,86,
87,88,89,90,112,161,162,166
地方議会
　——議員　12,36,50,70,161,170,171
地方公共団体　12,13,14,16,41,42,50,
52,53,55,56,57,58,60,61,62,63,68,
69,70,71,72,77,78,79,80,81,83,84,
85,86,87,90,91,92,93,94,95,96,97,
98,99,100,101,102,103,105,106,
107,108,110,111,126,127,132,133,
134,135,136,137,138,139,140,141,
142,143,144,145,146,149,150,154,
156,161,163,164,167,168,170,171
　——の活動量　78,170,171
　——の首長　34,50,52,53,54,55,57,
62,70,77,84,95,103,126,170,171
地方交付税　19,40,62,96,98,99,100,
101,105,106,109,113,134,137,138,
141,146,149,165

地方自治　9,10,12,13,16,33,35,36,37,
38,40,45,46,50,51,52,53,55,69,70,
71,72,76,78,81,83,84,86,87,92,132,
138,171,173
　——の暗黒期　13
　——の復活　34,35,53,55,56,57,69,
70,71,73,76,77,170
地方消費税　17,80,93,94,95,97,102,
106,107,108,109,110,111,132,137,
138,139,140,141,142,149,151,152
地方譲与金　100,102
地方税　62,79,80,81,86,91,92,94,95,
97,102,103,108,109,111,132,133,
139,140,142,149,151,152
地方分権改革　9,10,12,13,14,15,16,
34,36,37,39,40,41,43,44,45,46,76,
77,83,84,85,87,88,90,91,92,93,103,
111,132,133,134,135,136,137,142,
161,163,167,168,173
　——の政治の制度　22,132
地方分権推進委員会　39,40,86,87,88,
103,112
地方分権促進委員会　88
地方分権のための三大特別法　101
地方分権特別法　37,86,102,103
中央地方関係　40,42,43,46
親朴連帯　126,128,171
統一主体国民会議　24
統一民主党　28
同型化（isomorphism）　41,43,44
　利益構造の——　43
特別交付税　19,102,156,157

な行

ナッシュ均衡　21
二元的民主的正統性　13,22,25,114,
116,121
盧泰愚大統領　160
盧武鉉政権　34,85,86,87,88,91,92,

111,136
　盧武鉉大統領　85,86,92,93,94,99,
　　102,104,105,119,120,121,136,172

は行
　ハンナラ党　27,28,45,77,93,103,104,
　　108,109,119,124,125,126,127,128,
　　130,131,138,151,152,153,158,159,
　　164,165,169
　朴正煕
　　──将軍　22,24
　　──大統領　23,24,25,51,116,117,
　　120,126,160
　非難回避戦略　142,149
　開かれたウリ党　27,28,77,98,119,
　　121,131,151,152,153,160,165
　付加価値税　80,86,94,95,97,98,106,
　　107,108,110,111,165
　普通交付税　12,97,99,100,101,105,
　　106,134,136,139,140,143,145,146,
　　149
　　──法定交付率の引き上げ　16,86,
　　87,93,94,95,96,98,99,102,106,
　　142,144,163
　不動産交付税　19,105,137,139,149,
　　150,156
　分割政府　120,160,172
　分権交付税　12,19,98,99,100,101,
　　113,137,144,145,146,147,156,163,
　　165
　平和民主党　28
　補完性の原則　84,86,96,102,103
　補助金　12,16,40,84,85,92,94,96,100,
　　101,102,109,123,132,133,134,137,
　　138,139,140,144,145,146,147,154,
　　155,156,157,158,159,160,162,163,
　　167,168
　　──の整理合理化　92,94,96
　　──の予算及び管理に関する法律

　　132,133,156,158,165
　本人－代理人　25

ま行
　未来韓国党　128
　民主化　9,10,12,14,16,22,23,25,26,
　　28,35,36,38,46,50,52,55,56,57,70,
　　71,76,83,88,92,114,116,117,119,
　　120,122,123,129,133,136,137,160,
　　167,168,170,171,173
　　──運動　22,23,118,122
　　──宣言　12,14,22,23,26,34,52,71,
　　72,122
　民主自由党　128
　民主主義
　　手続き的な──　170,173
　民主正義党　28,128
　民主的正統性　13,22,24,25,114,116,
　　121
　民主党　28,27,77,104,109,119,125,
　　128,151,164,165,169
　民主統合党　168

や行
　与村　28,129,160
　与村野都　28,129
　4.19革命　22,23,24

ら行
　利益誘導　123,160,170
　嶺南　14,26,27,28,29,30,45,105,112,
　　123,124,125,126,127,128,140,143,
　　144,147,148,151,156,157,158,159,
　　160,161,166,168,169

索引　193

初出一覧

本書は次の論文を基に、最新資料を加え、大幅に修正加筆したものである。

1．尹誠國「韓国における地方自治の復活と地方政府の自律性―仁州工業団地造成計画をケースに」『法學論叢』第157巻第2号、4号、6号、2005年5月、7月、9月、京都大学法學會
2．尹誠國「韓国における地方交付税制度の政治行政―地域主義と政党の党員統制システムとの関連において―」『現代韓国朝鮮研究』第5号（2005年）。
3．尹誠國「韓国における分権交付税の導入と地域主義―取引コストアプローチ―」『現代韓国朝鮮研究』第7号（2007年）。
4．尹誠國「相互依存モデルの韓国の中央地方関係分析への適用可能性の検討―地域主義に注目して―」『東アジア研究』第56号（2011年）。
5．尹誠國「韓国の地方分権改革の分析―制度としての地域主義に注目して―」『東アジア研究』第57号（2012年）。

あとがき

　本書の目的は民主化以降の韓国における地方分権改革の制度設計の内容と理由を分析することである。そのために、筆者は政治学において市民権を得ている制度を分析枠組みとして用いた。政治学において市民権を得ている分析枠組みを韓国政治の分析に用いたのは、果たして事例としての韓国政治は一般化できるのかという関心があったためである。

　先学が描いた韓国像の中には韓国特殊論も少なくない。しかしながら、本書での分析によって得られた結論は事例としての韓国政治は十分一般化でき、政治学の理論モデルを用いた分析が可能であるということである。

　本書における分析によって、韓国政治の全体像の把握ができたとは決して思わない。しかしながら、民主化以降の韓国政治の重要な一断面を描いたという意味において一定の成果があったと考える。

　人間の歴史の中で最も歴史の長い職業の一つに政治家と言う職業がある。これを裏返せば、人間の歴史は政治の歴史でもあるといえるであろう。最近、必ずしも韓国に限らず、世界的現象として政治が混迷を極めている中で、政治のあり方が改めて問い直されている。この点との関連で、本書の分析枠組みとして用いた地域主義は規範論的には、非常に歪なものであると批判されている。しかしながら、制度としての民主主義という意味においては、地域主義に対する批判には慎重になる必要がある。地域主義は民主主義の根幹をなす選挙において表れているためである。

　その意味で、本書の執筆は筆者にとって、最も古い人間の営みの一つである政治の意味をもう一度考え直す良い機会でもあった。

　筆者は韓国人でありながら、ほかの韓国人に比べ、辛いものがあまり食べられず、幼い時に親から言われたことがある。「お前は日本に生まれたほうが良

かった。」と・・・。その意味で、韓国に生まれ育った筆者が日本に留学し、日本で著書を上梓するということに不思議な縁を感じる。

　運命の悪戯なのか、神様の導きなのかそれはさて置き、筆者が1995年10月に東京都費留学生として来日したのが、筆者の日本での研究生活の始まりである。それから決して長くない年月が経った。その間、様々なことを経験した。2000年に結婚し、2003年には娘載喜が生まれた。そして、2006年には父を亡くした。様々な経験を積みながら、学んでいく部分も確かにあるが、日々自分の非力さと勉強不足を痛感している。

　浅学な筆者が本書の刊行にたどり着くまで実に多くの方々にお世話になった。

　東京都立大学（現在は首都大学東京）大学院都市科学研究科在学時の指導教官であった福岡峻治先生には学問だけではなく、まだ不慣れな日本での生活についても適切なアドバイスを頂いた。そして、京都大学大学院法学研究科在学時の指導教官の秋月謙吾先生には大変お世話になった。

　ソウル市立大学在学時の恩師尹在豊先生は田舎者の筆者が大学で勉学に励むことができるよういつも励まして頂いただけではなく、学問のあり方、学者のあるべき姿を、身を持って体現する方で、筆者にとっては学者の鏡のような方である。尹在豊先生には筆者の日本留学に際しても色々お世話になった。

　そして、尹靖水（梅花女子大学）先生とのご縁の始まりは妻の同志社大学大学院入学から始まる。妻も尹先生には色々お世話になっており、筆者も学問の先輩としてだけではなく、人生の先輩としてもお世話になっている。また、埋橋孝文（同志社大学）先生は妻の同志社大学大学院在学時の指導教官というご縁があるが、最近は筆者自身も埋橋先生にお世話になっており、良い刺激を頂いている。

　また、岡克彦（福岡女子大学）先生と清水敏行（札幌学院大学）先生には学会などの場において議論できる機会に恵まれ、韓国政治分析に関して様々な示唆を得ることができた。

　公益財団法人地方自治総合研究所の皆様には大変お世話になっており、サードネットをはじめとした研究会に出席できる大変貴重な機会を頂いている。筆

者にとっては、理論・実践の両面から自治を学ぶ貴重な機会である。記して感謝申し上げる次第である。

　名和田是彦（法政大学）先生をはじめとした都市内分権研究会の皆様には、日本だけではなく諸外国の地域コミュニティや都市内分権について学べる貴重な機会を頂いた。そして、高村学人（立命館大学）先生、櫻井純理（立命館大学）先生には研究会の場において学際的な議論ができ、色んな示唆を与えて頂いている。清水万由子（総合地球環境学研究所）先生、谷垣岳人（龍谷大学）先生には東アジアの内発的発展について議論を深める場を与えて頂き、良い刺激を頂いている。そして、大阪経済法科大学アジア研究所の皆様には客員研究員としてお世話になっており、東アジア研究の重要性を確認する貴重な機会を頂いている。

　韓国の鄭武權（延世大学）先生と康元澤（ソウル大学）先生には本書の分析枠組みの構築の段階で貴重なご助言を頂いており、韓国政治の最新状況についての貴重な情報を提供して頂いた。

　大矢野修（龍谷大学）先生からは学問のあり方、そして、研究者の姿はいかなるものであるべきかについて教えて頂いた。

　学術書籍の出版事情が厳しいと言われて久しい中、無名で非力な筆者の著書の出版を快く引き受けて頂いた公人の友社の武内英晴氏に感謝する。

　筆者は現在大阪地方自治研究センター研究員として在職している。得てして政治学や行政学は理論的な議論だけに集中しがちで、現場を知らない机上の空論にしかならない危うさがあるが、筆者は当センター研究員として自由な研究環境の下、理論、実践両面から政治行政の現場を観察し、研究ができる。これは一重に大阪地方自治研究センターの皆様のおかげである。記して感謝申し上げる次第である。

　そして、筆者の大切な家族である。妻崔銀珠は、筆者同様研究者の道を歩んでいる。妻は社会福祉学研究者として自らの研究だけではなく、忙しい夫の世話や、育児で多忙な時間を送ってきた。私の良きライバルでもあり、良き理解者でもある。娘載喜は今年9歳になった。日々の成長ぶりには目を見張るばかりである。時々筆者に厳しく、鋭い質問をぶつけてくるが、載喜も筆者の良き

理解者である。
　今は亡き両親は経済的に裕福ではない環境の中でもいつも勉学の楽しさを教えて下さった。
　本書は亡き両親に捧げる。

　2012年6月

　　　大文字山を眺めながら京都の自宅にて

尹　誠國
（ユン　ソンクック）

【著者略歴】

尹　誠國（ユン　ソンクック）

　1968年韓国生まれ。ソウル市立大学卒業後、東京都立大学大学院、京都大学大学院に留学し、京都大学大学院助手、全国市町村国際文化研修所（JIAM）客員研究員を経、2011年4月から大阪経済法科大学アジア研究所客員研究員、立命館大学非常勤講師。2012年4月から同志社大学嘱託講師。
　2011年4月から大阪地方自治研究センター研究員。
　専門は行政学。主な研究関心は地方自治、地方分権改革、中央地方関係などである。最近は高齢者福祉政策や自治体における組織学習、地域の内発的発展にも関心を持ち、研究を進めている。

韓国における地方分権改革の分析
弱い大統領と地域主義の政治経済学

2012年10月30日　初版発行

著　者	尹　誠國（ユン ソンクック）
発行人	武内　英晴
発行所	公人の友社
	〒112-0002　東京都文京区小石川5－26－8
	TEL 03－3811－5701
	FAX 03－3811－5795
	Eメール info@koujinnotomo.com
	http://koujinnotomo.com/
印刷所	倉敷印刷株式会社
装　幀	上村　千寿子